Wa

Richard Wagner

Tannhäuser
und der Sängerkrieg auf Wartburg

Textbuch
der letzten Fassung
mit Varianten der Partitur
und der vorangehenden Fassungen

Herausgegeben von Egon Voss

Philipp Reclam jun. Stuttgart

RECLAMS UNIVERSAL-BIBLIOTHEK Nr. 5636
Alle Rechte vorbehalten
© 2001 Philipp Reclam jun. GmbH & Co., Stuttgart
Gesamtherstellung: Reclam, Ditzingen. Printed in Germany 2008
RECLAM, UNIVERSAL-BIBLIOTHEK und
RECLAMS UNIVERSAL-BIBLIOTHEK sind eingetragene Marken
der Philipp Reclam jun. GmbH & Co., Stuttgart
ISBN 978-3-15-005636-3

www.reclam.de

Personen*

[am Fuß der Seite jeweils die Fassung der Partitur]

HERMANN, Landgraf von Thüringen	(Baß)**
TANNHÄUSER,	(Tenor)
WOLFRAM VON ESCHENBACH,	(Bariton)
WALTHER VON DER VOGELWEIDE, } Ritter und	(Tenor)
BITEROLF, } Sänger	(Bariton)
HEINRICH DER SCHREIBER,	(Tenor)
REINMAR VON ZWETER,	(Baß)
ELISABETH, Nichte des Landgrafen	(Sopran)
VENUS	(Sopran)
EIN JUNGER HIRT	(Sopran)

Thüringische Grafen und Edelleute***
Edelfrauen
Edelknaben****
Ältere und jüngere Pilger
Die drei Grazien. – Jünglinge

Sirenen. Najaden. Nymphen. Amoretten. Bacchantinnen.
Satyre und Faune

Thüringen. Wartburg

Im Anfange des 13. Jahrhunderts

*[folgt in der Partitur:]*****

---

* Personen der Handlung
** *[die Angaben der Stimmlagen nach der Partitur]*
*** Thüringische Grafen, Ritter und Edelleute
**** Vier Edelknaben (Sopran und Alt)
***** Besetzung des Orchesters: 3 Flöten (3. auch kleine Flöte),
2 Oboen, 2 Klarinetten, Baßklarinette, 2 Fagotte, 2 Ventilhör-
ner, 2 Waldhörner, 3 (Ventil-)Trompeten, 3 Posaunen, Baßtuba,
3 Pauken, Große Trommel, Triangel, Becken, Tamburin, Kastag-
netten, Harfe, Streichorchester. Auf dem Theater: kleine Flöte,
2 Flöten, 2 Oboen, Englischhorn, 3 Klarinetten, 4 Hörner,
12 Waldhörner, 12 Trompeten, Becken, Triangel, Tamburin, Harfe

Erster Aufzug

Erste Szene*

Die Bühne stellt das Innere des Venusberges (Hörselberges bei Eisenach) dar. Weite Grotte, welche sich im Hintergrunde durch eine Biegung nach rechts, wie unabsehbar dahin zieht. Aus einer zerklüfteten Öffnung, durch welche mattes Tageslicht hereinscheint, stürzt sich die ganze Höhe der Grotte entlang ein grünlicher Wasserfall herab, wild über Gestein schäumend; aus dem Becken, welches das Wasser auffängt, fließt nach dem ferneren Hintergrunde der Bach hin, welcher dort sich zu einem See sammelt, in welchem man die Gestalten badender NAJADEN, *und an dessen Ufern gelagerte* SIRENEN *gewahrt. Zu beiden Seiten der Grotte Felsenvorsprünge von unregelmäßiger Form, mit wunderbaren, korallenartigen tropischen Gewächsen bewachsen. Vor einer nach links aufwärts sich dehnenden Grottenöffnung, aus welcher ein zarter, rosiger Dämmer herausscheint, liegt im Vordergrunde* VENUS *auf einem reichen Lager, vor ihr, das Haupt in ihrem Schoße, die Harfe zur Seite,* TANNHÄUSER *halb kniend. Das Lager umgeben, in reizender Verschlingung gelagert, die drei* GRAZIEN. *Zur Seite und hinter dem Lager zahlreiche schlafende* AMORETTEN, *wild über- und nebeneinander gelagert, einen verworrenen Knäuel bildend, wie Kinder, die von einer Balgerei ermattet, eingeschlafen sind. Der ganze Vordergrund ist von einem zauberhaften, von unten her dringenden, rötlichen Lichte beleuchtet, durch welches das Smaragdgrün des Wasserfalles, mit dem Weiß seiner schäumenden Wellen, stark*

---

* Die beiden ersten Szenen sind hier nach der späteren Ausführung gegeben, welche der Verfasser als einzig gültig auch für die Aufführung derselben anerkannt wissen will. [Originale Anmerkung.] – *Zur Fassung 1845–1860 siehe Anhang 2a, S. 67 f.*

Z. 10 fernen

durchbricht: der ferne Hintergrund mit den Seeufern ist von einem verklärt blauen Dufte mondscheinartig erhellt. – Beim Aufzuge des Vorhanges sind auf den erhöhten Vorsprüngen, bei Bechern noch die JÜNGLINGE *gelagert, welche jetzt sofort den verlockenden Winken der* NYMPHEN *folgen, und zu diesen hinabeilen; die* NYMPHEN *hatten um das schäumende Becken des Wasserfalles den auffordernden Reigen begonnen, welcher die* JÜNGLINGE *zu ihnen führen sollte: die Paare finden und mischen sich; Suchen, Fliehen und reizendes Necken beleben den Tanz. Aus dem ferneren Hintergrunde naht ein Zug von* BACCHANTINNEN, *welcher durch die Reihen der liebenden Paare, zu wilder Lust auffordernd, daherbraust. Durch Gebärden begeisterter Trunkenheit reißen die* BACCHANTINNEN *die Liebenden zu wachsender Ausgelassenheit hin.* SATYRE *und* FAUNE *sind aus den Klüften erschienen, und drängen sich jetzt mit ihrem Tanze zwischen die Bacchanten und liebenden Paare. Sie vermehren durch ihre Jagd auf die Nymphen die Verwirrung; der allgemeine Taumel steigert sich zur höchsten Wut. Hier, beim Ausbruche der höchsten Raserei erheben sich entsetzt* DIE DREI GRAZIEN. *Sie suchen den Wütenden Einhalt zu tun und sie zu entfernen. Machtlos fürchten sie selbst mit fortgerissen zu werden: sie wenden sich zu den schlafenden* AMORETTEN, *rütteln sie auf, und jagen sie in die Höhe. Diese flattern wie eine Schar Vögel aufwärts auseinander, nehmen in der Höhe, wie in Schlachtordnung, den ganzen Raum der Höhle ein, und schießen von da herab einen unaufhörlichen Hagel von Pfeilen auf das Getümmel in der Tiefe. Die Verwundeten, von mächtigem Liebessehnen ergriffen, lassen vom rasenden Tanze ab und sinken in Ermattung. Die* GRAZIEN *bemächtigen sich der Verwundeten und suchen, indem*

*sie die Trunkenen zu Paaren fügen, sie mit sanfter Gewalt
nach dem Hintergrunde zu zerstreuen. Dort nach den ver-
schiedensten Richtungen hin entfernen sich (zum Teil auch
von der Höhe herab durch die Amoretten verfolgt) die Bacchanten, Faunen, Satyren, Nymphen und Jünglinge. Ein immer dichterer rosiger Duft senkt sich herab; in ihm verschwinden zunächst die Amoretten, dann bedeckt er den
ganzen Hintergrund, so daß endlich, außer* VENUS *und*
TANNHÄUSER, *nur noch* DIE DREI GRAZIEN *sichtbar zurück-
bleiben. Diese wenden sich jetzt nach dem Vordergrunde
zurück; in anmutigen Verschlingungen nahen sie sich* VENUS,
*ihr gleichsam von dem Siege berichtend, den sie über die
wilden Leidenschaften der Untertanen ihres Reiches gewon-
nen. –* VENUS *blickt dankend zu ihnen.*

Gesang der SIRENEN.

Naht euch dem Strande,
naht euch dem Lande,
wo in den Armen
glühender Liebe
selig Erwarmen 5
still' eure Triebe!

*Der dichte Duft im Hintergrunde zerteilt sich: ein Nebel-
bild zeigt die Entführung der* EUROPA, *welche auf dem
Rücken des mit Blumen geschmückten weißen Stieres, von
Tritonen und Nereiden geleitet, durch das blaue Meer da-
hinfährt. Der rosige Duft schließt sich wieder, das Bild verschwindet, und die* GRAZIEN *deuten nun durch einen anmutigen Tanz den geheimnisvollen Inhalt des Bildes, als ein
Werk der Liebe, an. Von Neuem teilt sich der Duft. Man erblickt in sanfter Mondesdämmerung* LEDA, *am Waldteiche*

Z. 3 teils   Z. 4 f. Bacchantinnen   Z. 7 zuerst   Z. 15 + (unsichtbar)   Z. 29 f. [*zugleich:*] Sirenen / Naht euch dem Strande! / naht
euch dem Lande!

*ausgestreckt; der Schwan schwimmt auf sie zu und birgt
schmeichelnd seinen Hals an ihrem Busen. Allmählich ver-
bleicht auch dieses Bild. Der Duft verzieht sich endlich
ganz, und zeigt die ganze Grotte einsam und still. Die* GRA-
ZIEN *neigen sich lächelnd vor* VENUS, *und entfernen sich
langsam nach der Seitengrotte. Tiefste Ruhe. Unveränderte
Gruppe der* VENUS *und* TANNHÄUSERS.

Zweite Szene*

VENUS. TANNHÄUSER.

TANNHÄUSER *zuckt mit dem Haupte empor, als fahre er aus
einem Traume auf. –* VENUS *zieht ihn schmeichelnd zurück. –*
TANNHÄUSER *führt die Hand über die Augen, als ob er ein
Traumbild fest zu halten suche.*

VENUS.

Geliebter, sag, wo weilt dein Sinn?

TANNHÄUSER.

Zu viel! Zu viel! O, daß ich nun
erwachte!

VENUS.

Sprich, was kümmert dich?

TANNHÄUSER.

Im Traum war mir's, als hörte ich –   10
was meinem Ohr so lange fremd!

---

* *Diese Szene weicht in der Fassung der Partitur in so vielen Punk-
ten von der des Textbuchs ab, daß auf eine Angabe der Varianten
am Fuß der Seite hier verzichtet wird. Statt dessen wird der Text
der Partitur in Anhang 1, S. 59–66, separat vollständig wieder-
gegeben.*

Z. 5 verneigen sich schelmisch   Z. 6 Liebesgrotte

als hörte ich der Glocken froh Geläute: –
o, sag! Wie lange hört' ich's doch nicht mehr?

VENUS.

Wohin verlierst du dich? Was ficht dich an?

TANNHÄUSER.

Die Zeit, die hier ich weil', ich kann sie nicht　　15
ermessen: – Tage, Monde – gibt's für mich
nicht mehr, denn nicht mehr sehe ich die Sonne,
nicht mehr des Himmels freundliche Gestirne; –
den Halm seh' ich nicht mehr, der frisch ergrünend
den neuen Sommer bringt; – die Nachtigall　　20
nicht hör' ich mehr, die mir den Lenz verkünde: –
hör' ich sie nie, seh' ich sie niemals mehr?

VENUS.

Ha! Was vernehm' ich? Welche tör'ge Klagen!
Bist du so bald der holden Wunder müde,
die meine Liebe dir bereitet? – Oder　　25
wie? Reut es dich so sehr, ein Gott zu sein?
Hast du so bald vergessen, wie du einst
gelitten, während jetzt du dich erfreust? –
Mein Sänger, auf! Ergreife deine Harfe!
Die Liebe feire, die so herrlich du besingst,　　30
daß du der Liebe Göttin selber dir gewannst!
Die Liebe feire, da ihr höchster Preis dir ward!

TANNHÄUSER

*zu einem plötzlichen Entschlusse ermannt, nimmt die Harfe
und stellt sich feierlich vor* VENUS *hin.*

Dir töne Lob! Die Wunder sei'n gepriesen,
die deine Macht mir Glücklichem erschuf!
Die Wonnen süß, die deiner Huld entsprießen,　　35
erheb' mein Lied in lautem Jubelruf!
Nach Freude, ach! nach herrlichem Genießen
verlangt' mein Herz, es dürstete mein Sinn:

da, was nur Göttern einstens du erwiesen,
gab deine Gunst mir Sterblichem dahin. –　　　40
　　Doch sterblich, ach! bin ich geblieben,
　　und übergroß ist mir dein Lieben;
　　wenn stets ein Gott genießen kann,
　　bin ich dem Wechsel untertan;
　　nicht Lust allein liegt mir am Herzen,　　45
　　aus Freuden sehn' ich mich nach Schmerzen:
　　aus deinem Reiche muß ich fliehn, –
　　o Königin, Göttin! Laß mich ziehn!

VENUS

noch auf ihrem Lager.

Was muß ich hören! Welch ein Sang!
Welch trübem Ton verfällt dein Lied!　　50
Wohin floh die Begeistrung dir,
die Wonnesang dir nur gebot?
Was ist's? Worin war meine Liebe lässig?
Geliebter, wessen klagest du mich an?

TANNHÄUSER

zur Harfe.

Dank deiner Huld! Gepriesen sei dein Lieben!　　55
Beglückt für immer, wer bei dir geweilt!
Beneidet ewig, wer mit warmen Trieben
in deinen Armen Götterglut geteilt!
Entzückend sind die Wunder deines Reiches,
den Zauber aller Wonnen atm' ich hier;　　60
kein Land der weiten Erde bietet Gleiches,
was sie besitzt, scheint leicht entbehrlich dir.
　　Doch ich aus diesen ros'gen Düften
　　verlange nach des Waldes Lüften,
　　nach unsres Himmels klarem Blau,　　65
　　nach unsrem frischen Grün der Au,
　　nach unserer Vöglein liebem Sange,
　　nach unsrer Glocken trautem Klange: –

aus deinem Reiche muß ich fliehn, –
o Königin, Göttin! Laß mich ziehn! 70

VENUS

leidenschaftlich aufspringend.

Treuloser! Weh! Was lässest du mich hören?
Du wagest meine Liebe zu verhöhnen?
Du preisest sie, und willst sie dennoch fliehn?
Zum Überdruß ist dir mein Reiz gediehn?

TANNHÄUSER.

O schöne Göttin! Wolle mir nicht zürnen! 75
Dein übergroßer Reiz ist's, den ich meide.

VENUS.

Weh dir! Verräter! Heuchler! Undankbarer!
Ich lass' dich nicht! Du darfst von mir nicht ziehn!

TANNHÄUSER.

Nie war mein Lieben größer, niemals wahrer,
als jetzt, da ich für ewig dich muß fliehn! 80

VENUS *hat mit heftiger Gebärde ihr Gesicht, von ihren Händen bedeckt, abgewandt. Nach einem Schweigen wendet sie
es lächelnd und mit verführerischem Ausdrucke* TANNHÄU-
SER *wieder zu.*

VENUS

mit leiser Stimme beginnend.

Geliebter, komm! Sieh dort die Grotte,
von ros'gen Düften mild durchwallt!
Entzücken böt' selbst einem Gotte
der süß'sten Freuden Aufenthalt:
besänftigt auf dem weichsten Pfühle 85
flieh' deine Glieder jeder Schmerz,
dein brennend Haupt umwehe Kühle,
wonnige Glut durchschwell' dein Herz.
Aus holder Ferne mahnen süße Klänge,

daß dich mein Arm in trauter Näh' umschlänge;   90
von meinen Lippen schlürfst du Göttertrank,
aus meinen Augen strahlt dir Liebesdank: –
ein Freudenfest soll unsrem Bund entstehen,
der Liebe Feier laß uns froh begehen!
Nicht sollst du ihr ein scheues Opfer weihn, –   95
nein! – mit der Liebe Göttin schwelge im Verein.

SIRENEN

aus weiter Ferne, unsichtbar.

Naht euch dem Strande,
naht euch dem Lande!

VENUS

TANNHÄUSER *sanft nach sich ziehend.*

Mein Ritter! Mein Geliebter! Willst du fliehn?

TANNHÄUSER

*auf das Äußerste hingerissen, greift mit trunkener Gebärde
in die Harfe.*

Stets soll nur dir, nur dir mein Lied ertönen!   100
Gesungen laut sei nur dein Preis von mir!
Dein süßer Reiz ist Quelle alles Schönen,
und jedes holde Wunder stammt von dir.
Die Glut, die du mir in das Herz gegossen,
als Flamme lodre hell sie dir allein!   105
Ja, gegen alle Welt will unverdrossen
fortan ich nun dein kühner Streiter sein. –
Doch hin muß ich zur Welt der Erden,
bei dir kann ich nur Sklave werden;
nach Freiheit doch verlange ich,   110
nach Freiheit, Freiheit dürstet's mich;
zu Kampf und Streite will ich stehen,
sei's auch auf Tod und Untergehen: –
drum muß aus deinem Reich ich fliehn, –
o Königin, Göttin! Laß mich ziehn!   115

VENUS

im heftigsten Zorne.

Zieh hin, Wahnsinniger, zieh hin!
Verräter, sieh, nicht halt' ich dich!
Ich geb' dich frei, – zieh hin! zieh hin!
Was du verlangst, das sei dein Los!
Hin zu den kalten Menschen flieh,   120
vor deren blödem, trübem Wahn
der Freude Götter wir entflohn
tief in der Erde wärmenden Schoß.
Zieh hin, Betörter! Suche dein Heil,
suche dein Heil – und find' es nie!   125
Die du bekämpft, die du besiegt,
die du verhöhnt mit jubelndem Stolz,
flehe sie an, die du verlacht,
wo du verachtest, jammre um Huld!
Deiner Schande Schmach blüht dir dann auf;   130
gebannt, verflucht, folgt dir der Hohn:
zerknirscht, zertreten seh' ich dich nahn,
bedeckt mit Staub das entehrte Haupt.
    – »O fändest du sie wieder,
    die einst dir gelacht!   135
    Ach, öffneten sich wieder
    die Tore ihrer Pracht!« –
    Da liegt er vor der Schwelle,
    wo einst ihm Freude floß:
    um Mitleid, nicht um Liebe,   140
    fleht bettelnd der Genoß!
Zurück der Bettler! Sklave, weich!
Nur Helden öffnet sich mein Reich!

TANNHÄUSER.

Der Jammer sei dir kühn erspart,
daß du entehrt mich nahen sähst.   145

126–193 *Zur Fassung 1845–1860 siehe Anhang 2 b, S. 68 f.*

Für ewig scheid' ich: lebe wohl!
Der Göttin kehr' ich nie zurück.

VENUS.

Ha! Kehrtest du mir nie zurück! –
    Was sagt' ich? –
    Was sagt' er? –   150
    Wie es denken?
    Wie es fassen!
Mein Trauter ewig mich verlassen? –
    Wie hätt' ich das verschuldet,
    die Göttin aller Hulden?   155
    Wie ihr die Wonne rauben,
    dem Freunde zu vergeben?
    Wie lächelnd unter Tränen
    ich sehnsuchtsvoll dir lauschte,
    den stolzen Sang zu hören,   160
    der rings so lang verstummt, –
    oh! könntest je du wähnen,
    daß ungerührt ich bliebe,
    dräng' deiner Seele Seufzen
    in Klagen zu mir her?   165
    Daß ich in deinen Armen
    mir letzte Tröstung fand,
    laß dess' mich nicht entgelten,
    verschmäh nicht meinen Trost! –
    Ach! kehrtest du nicht wieder,   170
    dann träfe Fluch die Welt;
    für ewig läg' sie öde,
    aus der die Göttin schwand! –
    Kehr wieder! Kehr mir wieder!
    Trau meiner Liebeshuld! –   175

TANNHÄUSER.

Wer, Göttin, dir entflieht,
flieht ewig jeder Huld.

VENUS.

Nicht wehre stolz dem Sehnen,
wenn neu dich's zu mir zieht.

TANNHÄUSER.

Mein Sehnen drängt zum Kampfe;   180
nicht such' ich Wonn' und Lust.
O, Göttin, woll' es fassen,
mich drängt es hin zum Tod!

VENUS.

Wenn selbst der Tod dich meidet,
ein Grab dir selbst verwehrt?   185

TANNHÄUSER.

Den Tod, das Grab im Herzen,
durch Buße find' ich Ruh'.

VENUS.

Nie ist dir Ruh' beschieden,
nie findest du das Heil!
Kehr wieder, suchst du Frieden!   190
Kehr wieder, suchst du Heil!

TANNHÄUSER.

Göttin der Wonne, nicht in dir –
Mein Fried', mein Heil ruht in Maria!
Furchtbarer Schlag. VENUS *verschwindet.*

Dritte Szene

TANNHÄUSER *steht plötzlich in einem schönen Tale, über
ihm blauer Himmel. Rechts im Hintergrunde die Wartburg,
links in größerer Ferne der Hörselberg. – Rechter Hand
führt auf der halben Höhe des Tales ein Bergweg nach dem
Vordergrunde zu, wo er dann seitwärts abbiegt; in demsel-*

ben Vordergrund ist ein Muttergottesbild, zu welchem ein
niedriger Bergvorsprung hinaufführt. – Von der Höhe links
vernimmt man das Geläute von Herdeglocken; auf einem
hohen Vorsprunge sitzt ein JUNGER HIRT mit der Schalmei
und singt.

HIRT.

Frau Holda kam aus dem Berg hervor,
zu ziehen durch Flur und Auen;   195
gar süßen Klang vernahm da mein Ohr,
mein Auge begehrte zu schauen: –
da träum' ich manchen holden Traum,
und als mein Aug' erschlossen kaum,
da strahlte warm die Sonnen,   200
der Mai, der Mai war kommen.
Nun spiel' ich lustig die Schalmei: –
der Mai ist da, der liebe Mai!

Er spielt auf der Schalmei. Man hört den Gesang der ÄLTE-
REN PILGER, welche, von der Richtung der Wartburg her
kommend, den Bergweg rechts entlang ziehen.

Gesang der ÄLTEREN PILGER.

Zu dir wall' ich, mein Jesus Christ,
der du des Sünders Hoffnung bist!   205
Gelobt sei, Jungfrau süß und rein,
der Wallfahrt wolle günstig sein! –
Ach, schwer drückt mich der Sünden Last,
kann länger sie nicht mehr ertragen;
drum will ich auch nicht Ruh' noch Rast,   210
und wähle gern mir Müh' und Plagen.
Am hohen Fest der Gnadenhuld
in Demut sühn' ich meine Schuld;

---

195 zu ziehn durch Fluren und Auen, –   205 der du des Pilgers
Hoffnung bist!   212 Am hohen Fest der Gnad' und Huld
213 in Demut büß' ich meine Schuld;

gesegnet, wer im Glauben treu:
er wird erlöst durch Buß' und Reu'. 215

Der HIRT, *der fortwährend auf der Schalmei gespielt hat,
hält ein, als der Zug der Pilger auf der Höhe ihm gegenüber
ankommt.*

HIRT

den Hut schwenkend und den PILGERN *laut zurufend.*

Glück auf! Glück auf nach Rom!
Betet für meine arme Seele!

TANNHÄUSER

tief ergriffen auf die Knie sinkend.

Allmächt'ger, dir sei Preis!
Hehr sind die Wunder deiner Gnade.

Der Zug der PILGER *entfernt sich immer weiter von der
Bühne, so daß der Gesang allmählich verhallt.*

PILGERGESANG.

Zu dir wall' ich, mein Jesus Christ, 220
der du des Pilgers Hoffnung bist!
Gelobt sei, Jungfrau süß und rein,
der Wallfahrt wolle günstig sein!

TANNHÄUSER

als der Gesang der PILGER *sich hier etwas verliert, singt, auf
den Knien, wie in brünstiges Gebet versunken, weiter.*

Ach, schwer drückt mich der Sünden Last,
kann länger sie nicht mehr ertragen; 225
drum will ich auch nicht Ruh' noch Rast,
und wähle gern mir Müh' und Plagen.

*Tränen ersticken seine Stimme; man hört in weiter Ferne
den Pilgergesang* fortsetzen bis zum letzten Verhallen,*

---

* 212–214
219 Groß sind die Wunder deiner Gnade!

*während sich aus dem tiefsten Hintergrunde, wie von Eise-
nach herkommend, das Geläute von Kirchglocken vernehm-
men läßt. Als auch dieses schweigt, hört man von links immer näher kommende Hornrüfe.*

Vierte Szene

*Von der Anhöhe links herab aus einem Waldwege treten der
LANDGRAF und die SÄNGER, in Jägertracht, einzeln auf. Im
Verlaufe der Szene findet sich der ganze Jagdtroß des Land-
grafen nach und nach auf der Bühne ein.*

LANDGRAF.

Wer ist der dort in brünstigem Gebete?

WALTHER.

Ein Büßer wohl.

BITEROLF.

Nach seiner Tracht ein Ritter.

WOLFRAM

der auf TANNHÄUSER zugegangen ist und ihn erkannt hat.

Er ist es!

DIE SÄNGER und der LANDGRAF.*

Heinrich! Heinrich! Seh' ich recht?   230

TANNHÄUSER, *der überrascht schnell aufgefahren ist, ermannt sich und verneigt sich stumm gegen den LANDGRA-
FEN, nachdem er einen flüchtigen Blick auf ihn und die Sänger geworfen.*

LANDGRAF.

Du bist es wirklich? Kehrest in den Kreis
zurück, den du in Hochmut stolz verließest?

---

* *nur DIE SÄNGER.*

BITEROLF.

Sag, was uns deine Wiederkunft bedeutet?
Versöhnung? Oder gilt's erneutem Kampf?

WALTHER.

Nahst du als Freund uns oder Feind?

DIE ANDEREN SÄNGER außer WOLFRAM.

                            Als Feind?   235

WOLFRAM.

O fraget nicht! Ist dies des Hochmuts Miene? –
Gegrüßt sei uns, du kühner Sänger,
der, ach! so lang in unsrer Mitte fehlt!

WALTHER.

Willkommen, wenn du friedlich nahst!

BITEROLF.

Gegrüßt, wenn du uns Freunde nennst!   240

ALLE SÄNGER.*

Gegrüßt! Gegrüßt! Gegrüßt sei uns!

LANDGRAF.

So sei willkommen denn auch mir!
Sag an, wo weiltest du so lang?

TANNHÄUSER.

Ich wanderte in weiter, weiter Fern', –
da, wo ich nimmer Rast noch Ruhe fand.   245
Fragt nicht! Zum Kampf mit euch nicht kam ich her.
Seid mir versöhnt, und laßt mich weiter ziehn!

---

* *außer* WOLFRAM.

233 Sag, was uns deine Wiederkehr bedeutet?   *nach* 233 WAL-
THER. SCHREIBER. REINMAR. LANDGRAF. Sag es an!   *nach* 236 *Er
geht freundlich auf* TANNHÄUSER *zu.*   246 Fragt nicht! Zum
Kampf mit euch kam ich nicht her; –

LANDGRAF.

Nicht doch! Der Unsre bist du neu geworden.

WALTHER.

Du darfst nicht ziehn.

BITEROLF.

Wir lassen dich nicht fort.

TANNHÄUSER.

Laßt mich! Mir frommet kein Verweilen,   250
und nimmer kann ich rastend stehn;
mein Weg heißt mich nur vorwärts eilen,
denn rückwärts darf ich niemals sehn.

DER LANDGRAF und DIE SÄNGER.

O bleib, bei uns sollst du verweilen,
wir lassen dich nicht von uns gehn.   255
Du suchtest uns, warum enteilen
nach solchem kurzen Wiedersehn?

TANNHÄUSER
sich losreißend.

Fort! Fort von hier!

DIE SÄNGER.

Bleib! Bleib bei uns!

WOLFRAM

TANNHÄUSER *in den Weg tretend, mit erhobener Stimme.*

Bleib bei Elisabeth!

TANNHÄUSER
heftig und freudig ergriffen.

Elisabeth! – O Macht des Himmels,   260
rufst du den süßen Namen mir?

250–258 *Ensemble*   253 und nimmer darf ich rückwärts sehn!

WOLFRAM.

Nicht sollst du Feind mich schelten, daß ich ihn
genannt! – Erlaubest du mir, Herr, daß ich
Verkünder seines Glücks ihm sei?

LANDGRAF.

Nenn ihm den Zauber, den er ausgeübt, –   265
   und Gott verleih' ihm Tugend,
   daß würdig er ihn löse! –

WOLFRAM.

Als du in kühnem Sange uns bestrittest,
bald siegreich gegen unsre Lieder sangst,
durch unsre Kunst Besiegung bald erlittest: 270
ein Preis doch war's, den du allein errangst.
   War's Zauber, war es reine Macht,
   durch die solch Wunder du vollbracht,
   an deinen Sang voll Wonn' und Leid
   gebannt die tugendreichste Maid?   275
Denn, ach! als du uns stolz verlassen,
verschloß ihr Herz sich unsrem Lied;
wir sahen ihre Wang' erblassen,
für immer unsren Kreis sie mied. –
   O kehr zurück, du kühner Sänger,   280
   dem unsren sei dein Lied nicht fern, –
   den Festen fehle sie nicht länger,
   aufs Neue leuchte uns ihr Stern!

DIE SÄNGER.*

Sei unser, Heinrich! Kehr uns wieder!
Zwietracht und Streit sei abgetan!   285
Vereint ertönen unsre Lieder,
und Brüder nenne uns fortan!

---

* + LANDGRAF *mit* 280, 285

TANNHÄUSER

innig gerührt, umarmt WOLFRAM *und die* SÄNGER *mit
Heftigkeit.*

Zu ihr! Zu ihr! O, führet mich zu ihr!
Ha, jetzt erkenne ich sie wieder,
die schöne Welt, der ich entrückt!　　　　　　　　290
Der Himmel blickt auf mich hernieder,
die Fluren prangen reich geschmückt.
Der Lenz mit tausend holden Klängen
zog jubelnd in die Seele mir;
in süßem, ungestümem Drängen　　　　　　　　295
ruft laut mein Herz: zu ihr, zu ihr!

LANDGRAF und DIE SÄNGER.

Er kehrt zurück, den wir verloren!
Ein Wunder hat ihn hergebracht.
Die ihm den Übermut beschworen,
gepriesen sei die holde Macht!　　　　　　　　300
Nun lausche unsren Hochgesängen
von Neuem der Gepries'nen Ohr!
Es tön' in frohbelebten Klängen
das Lied aus jeder Brust hervor!

Der ganze Jagdtroß hat sich im Tale versammelt. Der LAND-
GRAF *stößt in sein Horn: laute Hornrüfe der Jäger antwor-
ten ihm. Der* LANDGRAF *und die* SÄNGER *besteigen Pferde,
welche man ihnen von der Wartburg her entgegengeführt
hat.*

Der Vorhang fällt.

289–304 *Ensemble*　301 f. LANDGRAF. Nun lausche euren Hochgesängen / von Neuem der Geliebten Ohr!　*nach* 304 *Während
des Vorhergehenden hat sich nach und nach der ganze Jagdtroß des
Landgrafen mit Falkenträgern usw. auf der Bühne versammelt. Die
Jäger stoßen in die Hörner.*

Wiederholung 289 f., 293–298, 301–304, 288 *Ensemble*
Das ganze Tal wimmelt jetzt vom immer noch stärker angewachse-
nen Jagdtroß.
Der LANDGRAF *und die* SÄNGER *wenden sich dem Jagdtroß zu; der*
LANDGRAF *stößt in sein Horn; lautes Hornschmettern und Rüdenge-*
bell antwortet ihm.
Während der LANDGRAF *und die* SÄNGER *die Pferde, die ihnen von*
der Wartburg zugeführt worden sind, besteigen, fällt der Vorhang.

Zweiter Aufzug

Erste Szene

Die Sängerhalle auf der Wartburg; nach hinten freie Aussicht auf den Burghof und das Tal.

ELISABETH
tritt freudig bewegt ein.

Dich, teure Halle, grüß' ich wieder,   305
froh grüß' ich dich, geliebter Raum!
In dir erwachen seine Lieder,
und wecken mich aus düstrem Traum. –
 Da er aus dir geschieden,
 wie öd erschienst du mir!   310
 Aus mir entfloh der Frieden,
 die Freude zog aus dir. –
Wie jetzt mein Busen hoch sich hebet,
so scheinst du jetzt mir stolz und hehr;
der dich und mich so neu belebet,   315
nicht länger weilt er ferne mehr.
Sei mir gegrüßt! sei mir gegrüßt!

Zweite Szene

WOLFRAM *und* TANNHÄUSER *erscheinen im Hintergrunde.*

WOLFRAM.
Dort ist sie; – nahe dich ihr ungestört!
Er bleibt, an die Mauerbrüstung des Balkons gelehnt, im Hintergrunde.

---

316 *beim 1. Mal:* nicht weilt er ferne mehr! *nach* 317 Du teure Halle, sei mir gegrüßt!

TANNHÄUSER

ungestüm zu den Füßen ELISABETHS *stürzend.*
O Fürstin!

ELISABETH

in schüchterner Verwirrung.
Gott! – Steht auf! – Laßt mich! Nicht darf
ich euch hier sehn!
Sie will sich entfernen.

TANNHÄUSER.

Du darfst! O bleib und laß   320
zu deinen Füßen mich!

ELISABETH

sich freundlich zu ihm wendend.
So stehet auf!
Nicht sollet hier ihr knien, denn diese Halle
ist euer Königreich. O, stehet auf!
Nehmt meinen Dank, daß ihr zurückgekehrt! –
Wo weiltet ihr so lange?

TANNHÄUSER

sich langsam erhebend.
Fern von hier,   325
in weiten, weiten Landen. Dichtes Vergessen
hat zwischen heut und gestern sich gesenkt. –
All mein Erinnern ist mir schnell geschwunden,
und nur des Einen muß ich mich entsinnen,
daß nie mehr ich gehofft euch zu begrüßen,   330
noch je zu euch mein Auge zu erheben. –

ELISABETH.

Was war es dann, das euch zurückgeführt?

---

319 ELISABETH. Gott! Stehet auf! Laßt mich! Nicht darf   330 daß
ich nie mehr gehofft Euch zu begrüßen,

TANNHÄUSER.

Ein Wunder war's,
ein unbegreiflich hohes Wunder!

ELISABETH

freudig aufwallend.

Gepriesen sei dies Wunder   335
aus meines Herzens Tiefe!

Sich mäßigend, – in Verwirrung.

Verzeiht, wenn ich nicht weiß, was ich beginne!
Im Traum bin ich, und tör'ger als ein Kind, –
machtlos der Macht der Wunder preisgegeben.
Fast kenn' ich mich nicht mehr; o, helfet mir,   340
daß ich das Rätsel meines Herzens löse!
        Der Sänger klugen Weisen
        lauscht' ich sonst gern und viel;
        ihr Singen und ihr Preisen
        schien mir ein holdes Spiel.   345
Doch welch ein seltsam neues Leben
rief euer Lied mir in die Brust!
Bald wollt' es mich wie Schmerz durchbeben,
bald drang's in mich wie jähe Lust:
Gefühle, die ich nie empfunden!   350
Verlangen, das ich nie gekannt!
Was einst mir lieblich, war verschwunden
vor Wonnen, die noch nie genannt! –
Und als ihr nun von uns gegangen, –
war Frieden mir und Lust dahin;   355
die Weisen, die die Sänger sangen,
erschienen matt mir, trüb ihr Sinn;
im Traume fühlt' ich dumpfe Schmerzen,
mein Wachen ward trübsel'ger Wahn;

---

335 Ich preise dieses Wunder   343 lauscht' ich sonst wohl gern
und viel;   352 Was sonst mir lieblich, war verschwunden

die Freude zog aus meinem Herzen: –   360
Heinrich! Was tatet ihr mir an?

TANNHÄUSER

hingerissen.

Den Gott der Liebe sollst du preisen,
er hat die Saiten mir berührt,
er sprach zu dir aus meinen Weisen,
zu dir hat er mich hergeführt!   365

ELISABETH.

Gepriesen sei die Stunde,
gepriesen sei die Macht,
die mir so holde Kunde
von eurer Näh' gebracht!
Von Wonneglanz umgeben   370
lacht mir der Sonne Schein;
erwacht zu neuem Leben,
nenn' ich die Freude mein!

TANNHÄUSER.

Gepriesen sei die Stunde,
gepriesen sei die Macht,   375
die mir so holde Kunde
aus deinem Mund gebracht.
Dem neu erkannten Leben
darf ich mich mutig weihn;
ich nenn' in freud'gem Beben   380
sein schönstes Wunder mein!

WOLFRAM

im Hintergrunde.

So flieht für dieses Leben
mir jeder Hoffnung Schein!

---

361 Heinrich! Heinrich! Was tatet Ihr mir an?   366–383 *Ensemble*

TANNHÄUSER *trennt sich von* ELISABETH; *er geht auf* WOLF-
RAM *zu, umarmt ihn, und entfernt sich mit ihm.*

Dritte Szene

Der LANDGRAF *tritt aus einem Seiteneingange auf;* ELISA-
BETH *eilt ihm entgegen und birgt ihr Gesicht an seiner*
Brust.

LANDGRAF.

Dich treff' ich hier in dieser Halle, die
so lange du gemieden? Endlich denn   385
lockt dich ein Sängerfest, das wir bereiten?

ELISABETH.

Mein Oheim! O, mein güt'ger Vater!

LANDGRAF.

                                        Drängt
es dich, dein Herz mir endlich zu erschließen?

ELISABETH.

Blick mir ins Auge! Sprechen kann ich nicht.

LANDGRAF.

Noch bleibe denn unausgesprochen   390
dein süß Geheimnis kurze Frist;
der Zauber bleibe ungebrochen
bis du der Lösung mächtig bist. –
So sei's! Was der Gesang so Wunderbares
erweckt und angeregt, soll heute er   395
enthüllen auch und mit Vollendung krönen.
Die holde Kunst, sie werde jetzt zur Tat!

---

nach 383 + ELISABETH *blickt* TANNHÄUSER *vom Balkon aus nach.*
389 Sieh mir ins Auge! Sprechen kann ich nicht.   396 enthüllen
und mit Vollendung krönen:

Man hört Trompeten.

Schon nahen sich die Edlen meiner Lande,
die ich zum seltnen Fest hieher beschied;
zahlreicher nahen sie als je, da sie   400
gehört, daß du des Festes Fürstin seist.

Vierte Szene

*Trompeten. – Grafen, Ritter und Edelfrauen in reichem
Schmucke werden durch Edelknaben eingeführt. – Der
LANDGRAF mit ELISABETH empfängt und begrüßt sie.*

CHOR.

Freudig begrüßen wir die edle Halle,
wo Kunst und Frieden immer nur verweil',
wo lange noch der frohe Ruf erschalle:
Thüringens Fürsten, Landgraf Hermann, Heil!   405

*Die Ritter und Frauen haben die von den Edelknaben ih-
nen angewiesenen, in einem weiten Halbkreise erhöhten
Plätze eingenommen. Der LANDGRAF und ELISABETH nehmen im Vordergrunde unter einem Baldachin Ehrensitze
ein. – Trompeten. – Die SÄNGER treten auf und verneigen
sich feierlich mit ritterlichem Gruße gegen die Versammlung; darauf nehmen sie in der leergelassenen Mitte des Saa-
les die in einem engeren Halbkreise für sie bestimmten Sitze
ein. TANNHÄUSER im Mittelgrunde rechts, WOLFRAM am ent-
gegengesetzten Ende links, der Versammlung gegenüber.*

DER LANDGRAF
erhebt sich.

Gar viel und schön ward hier in dieser Halle
von euch, ihr lieben Sänger, schon gesungen;
in weisen Rätseln wie in heitren Liedern

---

404 *beim 1. Mal:* wo lange noch der Ruf erschalle:

erfreuet ihr gleich sinnig unser Herz. –
Wenn unser Schwert in blutig ernsten Kämpfen   410
stritt für des deutschen Reiches Majestät,
wenn wir dem grimmen Welfen widerstanden
und dem verderbenvollen Zwiespalt wehrten:
so ward von euch nicht mindrer Preis errungen.
    Der Anmut und der holden Sitte,   415
    der Tugend und dem reinen Glauben
    erstrittet ihr durch eure Kunst
    gar hohen, herrlich schönen Sieg. –
Bereitet heute uns denn auch ein Fest,
heut, wo der kühne Sänger uns zurück   420
gekehrt, den wir so ungern lang vermißten.
Was wieder ihn in unsre Nähe brachte,
ein wunderbar Geheimnis dünkt es mich;
durch Liedes Kunst sollt ihr es uns enthüllen,
deshalb stell' ich die Frage jetzt an euch: 425
könnt ihr der Liebe Wesen mir ergründen?
Wer es vermag, wer sie am würdigsten
besingt, dem reich' Elisabeth den Preis:
er fordre ihn so hoch und kühn er wolle,
ich sorge, daß sie ihn gewähren solle. –   430
Auf, liebe Sänger! Greifet in die Saiten!
Die Aufgab' ist gestellt, kämpft um den Preis,
und nehmet all' im Voraus unsren Dank!

Trompeten.

CHOR DER RITTER und EDELFRAUEN.
Heil! Heil! Thüringens Fürsten Heil!
Der holden Kunst Beschützer Heil!   435

Alle setzen sich. Vier EDELKNABEN *treten vor, sammeln in einem goldenen Becher von jedem der Sänger seinen auf ein Blättchen geschriebenen Namen ein und reichen ihn* ELISABETH, *welche eines der Blättchen herauszieht und es den Edelknaben reicht. Diese, nachdem sie den Namen gelesen, treten feierlich in die Mitte und rufen: –*

VIER EDELKNABEN.

Wolfram von Eschenbach beginne!

TANNHÄUSER *stützt sich auf seine Harfe und scheint sich in Träumereien zu verlieren.* WOLFRAM *erhebt sich.*

WOLFRAM.

Blick' ich umher in diesem edlen Kreise,
welch hoher Anblick macht mein Herz erglühn!
So viel der Helden, tapfer, deutsch und weise, –
ein stolzer Eichwald, herrlich, frisch und grün.　440
Und hold und tugendsam erblick' ich Frauen, –
lieblicher Blüten düftereichsten Kranz.
Es wird der Blick wohl trunken mir vom Schauen,
mein Lied verstummt vor solcher Anmut Glanz. –
Da blick' ich auf zu einem nur der Sterne,　445
der an dem Himmel, der mich blendet, steht:
es sammelt sich mein Geist aus jeder Ferne,
andächtig sinkt die Seele in Gebet.
Und sieh! Mir zeiget sich ein Wunderbronnen,
in den mein Geist voll hohen Staunens blickt:　450
aus ihm er schöpfet gnadenreiche Wonnen,
durch die mein Herz er namenlos erquickt.
Und nimmer möcht' ich diesen Bronnen trüben,
berühren nicht den Quell mit frevlem Mut:
in Anbetung möcht' ich mich opfernd üben,　455
vergießen froh mein letztes Herzensblut. –
Ihr Edlen mögt in diesen Worten lesen,
wie ich erkenn' der Liebe reinstes Wesen!

DIE RITTER und FRAUEN
in beifälliger Bewegung.

So ist's! So ist's! Gepriesen sei dein Lied!

---

nach 436 *Zwischentitel* Der Sängerkrieg　　442 lieblicher Blüten düftereichster Kranz.

TANNHÄUSER

der gegen das Ende von WOLFRAMS *Gesange wie aus dem
Traume auffuhr, erhebt sich schnell.*

Auch ich darf mich so glücklich nennen   460
zu schaun, was, Wolfram, du geschaut!
Wer sollte nicht den Bronnen kennen?
Hör, seine Tugend preis' ich laut! –
Doch ohne Sehnsucht heiß zu fühlen
ich seinem Quell nicht nahen kann: 465
des Durstes Brennen muß ich kühlen,
getrost leg' ich die Lippen an.
In vollen Zügen trink' ich Wonnen,
in die kein Zagen je sich mischt:
denn unversiegbar ist der Bronnen,   470
wie mein Verlangen nie erlischt.
So, daß mein Sehnen ewig brenne,
lab' an dem Quell ich ewig mich:
und wisse, Wolfram, so erkenne
der Liebe w a h r s t e s Wesen ich!   475

ELISABETH *macht eine Bewegung, ihren Beifall zu bezeigen;
da aber alle Zuhörer in ernstem Schweigen verharren, hält
sie sich schüchtern zurück.*

WALTHER VON DER VOGELWEIDE
erhebt sich.

Den Bronnen, den uns Wolfram nannte,
ihn schaut auch meines Geistes Licht;
doch, der in Durst für ihn entbrannte,
du, Heinrich, kennst ihn wahrlich nicht.
Laß dir denn sagen, laß dich lehren: 480
der Bronnen ist die T u g e n d wahr.
Du sollst in Inbrunst ihn verehren
und opfern seinem holden Klar.

460–490 *In den Fassungen 1861–1875 gestrichen (vgl. Nachwort).*

Legst du an seinen Quell die Lippen,
zu kühlen frevle Leidenschaft,   485
ja, wolltest du am Rand nur nippen,
wich' ewig ihm die Wunderkraft!
Willst du Erquickung aus dem Bronnen haben,
mußt du dein Herz, nicht deinen Gaumen laben.

DIE ZUHÖRER
in lautem Beifall.

Heil Walther! Preis sei deinem Liede!   490

TANNHÄUSER
sich heftig erhebend.

O Walther, der du also sangest,
du hast die Liebe arg entstellt!
Wenn du in solchem Schmachten bangest,
versiegte wahrlich wohl die Welt.
Zu Gottes Preis in hoch erhabne Fernen,   495
blickt auf zum Himmel, blickt zu seinen Sternen!
Anbetung solchen Wundern zollt,
da ihr sie nicht begreifen sollt!
Doch, was sich der Berührung beuget,
euch Herz und Sinnen nahe liegt,   500
was sich, aus gleichem Stoff erzeuget,
in weicher Formung an euch schmiegt, –

---

nach 490 TANNHÄUSER *fährt wie aus dem Traume auf; seine trotzige Miene nimmt sofort den Ausdruck der Entzückung an, mit welchem er in die Luft vor sich hinstarrt; ein leises Zittern der Hand, die bewußtlos nach den Saiten der Harfe sucht, ein unheimliches Lächeln des Mundes, zeigt an, daß ein fremder Zauber sich seiner bemächtigt. Als er dann, wie erwachend, kräftig in die Harfe greift, verrät seine ganze Haltung, daß er kaum mehr weiß, wo er ist und namentlich* ELISABETH *nicht mehr beachtet.*   491 O Wolfram, der du also sangest,   496 blickt auf zum Himmel, blickt auf zu seinen Sternen:*

dem ziemt Genuß in freud'gem Triebe,
und im Genuß nur kenn' ich Liebe!

Große Aufregung unter den Zuhörern.

BITEROLF

sich mit Ungestüm erhebend.

Heraus zum Kampfe mit uns Allen!   505
Wer bliebe ruhig, hört er dich?
Wird deinem Hochmut es gefallen,
so höre, Läst'rer, nun auch mich!
Wenn mich begeistert hohe Liebe,
stählt sie die Waffen mir mit Mut;   510
daß ewig ungeschmäht sie bliebe,
vergöss' ich stolz mein letztes Blut.
Für Frauenehr' und hohe Tugend
als Ritter kämpf' ich mit dem Schwert;
doch, was Genuß beut' deiner Jugend,   515
ist wohlfeil, keines Streiches wert.

DIE ZUHÖRER

in tobendem Beifalle.

Heil, Biterolf! Hier unser Schwert!

TANNHÄUSER

in stets zunehmender Hitze aufspringend.

Ha, tör'ger Prahler, Biterolf!
Singst du von Liebe, grimmer Wolf?
Gewißlich hast du nicht gemeint,   520
was mir genießenswert erscheint.
Was hast du Ärmster wohl genossen?

503–504 ich nah' ihm kühn, dem Quell der Wonnen, + 469–475
nach 504 *Allgemeines Erstaunen:* ELISABETH *im Widerstreit mit
Hingerissenheit und banger Befremdung.*   515 doch was Genuß
beut deiner Jugend,

Dein Leben war nicht liebereich,
und was von Freuden dir entsprossen,
das galt wohl wahrlich keinen Streich! 525
Zunehmende Aufregung unter den Zuhörern.

RITTER

von verschiedenen Seiten.

Laßt ihn nicht enden! – Wehret seiner Kühnheit!

LANDGRAF

zu BITEROLF, *der nach dem Schwerte greift.*

Zurück das Schwert! – Ihr Sänger, haltet Frieden!

WOLFRAM

*erhebt sich in edler Entrüstung. Bei seinem Beginn tritt so-
gleich die größte Ruhe wieder ein.*

O Himmel, laß dich jetzt erflehen,
gib meinem Lied der Weihe Preis!
Gebannt laß mich die Sünde sehen 530
aus diesem edlen, reinen Kreis!
Dir, hohe Liebe, töne
begeistert mein Gesang,
die mir in Engels-Schöne
tief in die Seele drang! 535
Du nahst als Gottgesandte,
ich folg' aus holder Fern', –
so führst du in die Lande,
wo ewig strahlt dein Stern.

TANNHÄUSER

in höchster Verzückung.

Dir, Göttin der Liebe, soll mein Lied ertönen! 540
Gesungen laut sei jetzt dein Preis von mir!

---

534 die mir in Engels Schöne

Dein süßer Reiz ist Quelle alles Schönen,
und jedes holde Wunder stammt von dir.
Wer dich mit Glut in seinen Arm geschlossen,
was Liebe ist, kennt e r, nur e r allein: –   545
Armsel'ge, die ihr Liebe nie genossen,
zieht hin, zieht in den Berg der Venus ein!

Allgemeiner Aufbruch und Entsetzen.

ALLE.

Ha, der Verruchte! Fliehet ihn!
Hört es! Er war im Venusberg!

DIE EDELFRAUEN.

Hinweg! Hinweg aus seiner Näh'!   550

Sie entfernen sich in größter Bestürzung und unter Gebär-
den des Abscheus. Nur ELISABETH, *welche dem Verlaufe des*
Streites in furchtbar wachsender Angst zuhörte, bleibt von
den Frauen allein zurück, bleich, mit dem größten Aufwand
ihrer Kraft an einer der hölzernen Säulen des Baldachins
sich aufrecht erhaltend. – Der LANDGRAF, *alle* RITTER *und*
SÄNGER *haben ihre Sitze verlassen und treten zusammen.*
TANNHÄUSER, *zur äußersten Linken, verbleibt noch eine*
Zeit lang, wie in Verzückung.

LANDGRAF. RITTER und SÄNGER.

Ihr habt's gehört! Sein frevler Mund
tat das Bekenntnis schrecklich kund.
Er hat der Hölle Lust geteilt,
im Venusberg hat er geweilt! –
Entsetzlich! Scheußlich! Fluchenswert!   555
In seinem Blute netzt das Schwert!

---

544 Wer dich mit Glut in seine Arme geschlossen,   545 was Liebe
ist, kennt der, nur der allein!   552 tat das Verbrechen schrecklich
kund:

Zum Höllenpfuhl zurückgesandt,
sei er gefemt, sei er gebannt!

Alle stürzen mit entblößten Schwertern auf TANNHÄUSER
ein, welcher eine trotzige Stellung einnimmt. ELISABETH
*wirft sich mit einem herzzerreißenden Schrei dazwischen
und deckt* TANNHÄUSER *mit ihrem Leibe.*

ELISABETH.

Haltet ein! –

Bei ihrem Anblick halten Alle in größter Betroffenheit an.

LANDGRAF. RITTER und SÄNGER.

Was seh' ich? Wie, Elisabeth!   560
Die keusche Jungfrau für den Sünder?

ELISABETH.

Zurück! Des Todes achte ich sonst nicht!
Was ist die Wunde eures Eisens gegen
den Todesstoß, den ich von ihm empfing?

LANDGRAF. RITTER. SÄNGER.

Elisabeth! Was muß ich hören?   565
Wie ließ dein Herz dich so betören
von dem die Strafe zu beschwören,
der auch so furchtbar dich verriet?

ELISABETH.

Was liegt an mir? Doch er, – sein Heil!
Wollt ihr sein ewig Heil ihm rauben?   570

LANDGRAF. RITTER. SÄNGER.

Verworfen hat er jedes Hoffen,
niemals wird ihm des Heils Gewinn!
Des Himmels Fluch hat ihn getroffen;
in seinen Sünden fahr' er hin!

Sie dringen von Neuem auf TANNHÄUSER *ein.*

---

560 *beim 1. Mal:* Was hör' ich! Wie? Elisabeth!

ELISABETH.

Zurück von ihm! Nicht ihr seid seine Richter!   575
Grausame! Werft von euch das wilde Schwert,
und gebt Gehör der reinen Jungfrau Wort!
Vernehmt durch mich, was Gottes Wille ist! –
     Der Unglücksel'ge, den gefangen
     ein furchtbar mächt'ger Zauber hält,   580
     wie? sollt' er nie zum Heil gelangen
     durch Reu' und Buß' in dieser Welt?
     Die ihr so stark im reinen Glauben,
     verkennt ihr so des Höchsten Rat?
     Wollt ihr des Sünders Hoffnung rauben,   585
     so sagt, was euch er Leides tat?
     Seht mich, die Jungfrau, deren Blüte
     mit einem jähen Schlag er brach, –
     die ihn geliebt tief im Gemüte,
     der jubelnd er das Herz zerstach: –   590
ich fleh' für ihn, ich flehe für sein Leben,
zur Buße lenk' er reuevoll den Schritt!
Der Mut des Glaubens sei ihm neu gegeben,
daß auch für ihn einst der Erlöser litt!

TANNHÄUSER

*nach und nach von der Höhe seiner Aufregung und seines
Trotzes herabgesunken, durch* ELISABETHS *Fürsprache auf
das Heftigste ergriffen, sinkt in Zerknirschung zusammen.*

Weh! Weh mir Unglücksel'gem!   595

LANDGRAF. SÄNGER und RITTER
allmählich beruhigt und gerührt.

Ein Engel stieg aus lichtem Äther,
zu künden Gottes heil'gen Rat. –

_____

582 durch Sühn' und Buß' in dieser Welt?   592 reu'voll zur Buße
lenke er den Schritt!   596 f. *nur* LANDGRAF. SÄNGER.

Blick hin, du schändlicher Verräter,
werd' inne deiner Missetat!
Du gabst ihr Tod, sie bittet für dein Leben; 600
wer bliebe rauh, hört er des Engels Flehn?
Darf ich auch nicht dem Schuldigen vergeben,
dem Himmels-Wort kann ich nicht widerstehn.

TANNHÄUSER.

Zum Heil den Sündigen zu führen,
die Gott-Gesandte nahte mir: 605
doch, ach! sie frevelnd zu berühren
hob ich den Lästerblick zu ihr!
O du, hoch über diesen Erdengründen,
die mir den Engel meines Heils gesandt,
erbarm dich mein, der ach! so tief in Sünden 610
schmachvoll des Himmels Mittlerin verkannt!

LANDGRAF
nach einer Pause.

Ein furchtbares Verbrechen ward begangen: –
es schlich mit heuchlerischer Larve sich
zu uns der Sünde fluchbeladner Sohn. –
Wir stoßen dich von uns, – bei uns darfst du 615
nicht weilen; schmachbefleckt ist unser Herd
durch dich, und dräuend blickt der Himmel selbst
auf dieses Dach, das dich zu lang schon birgt.
Zur Rettung doch vor ewigem Verderben
steht offen dir ein Weg: von mir dich stoßend, 620
zeig' ich ihn dir: – nütz ihn zu deinem Heil! –
Versammelt sind aus meinen Landen
bußfert'ge Pilger, stark an Zahl:

604–611 *Fassung 1845: Ensemble mit Wiederholung von 591–592,*
600–603; *Fassung 1860: gleiches Ensemble fakultativ nach 611*
Wiederholung 602 f., 610 f., 591, 593 f. Ensemble 613 *es stahl mit*
heuchlerischer Larve sich

die ält'ren schon voran sich wandten,
die jüng'ren rasten noch im Tal.   625
Nur um geringer Sünde Willen
ihr Herz nicht Ruhe ihnen läßt,
der Buße frommen Drang zu stillen
ziehn sie nach Rom zum Gnadenfest.

LANDGRAF. SÄNGER und RITTER.

Mit ihnen sollst du wallen   630
zur Stadt der Gnadenhuld,
im Staub dort niederfallen
und büßen deine Schuld!
Vor ihm stürz dich darnieder,
der Gottes Urteil spricht;   635
doch kehre nimmer wieder,
ward dir sein Segen nicht!
Mußt' unsre Rache weichen,
weil sie ein Engel brach:
dies Schwert wird dich erreichen,   640
harrst du in Sünd' und Schmach!

ELISABETH.

Laß hin zu dir ihn wallen,
du Gott der Gnad' und Huld!
Ihm, der so tief gefallen,
vergib der Sünden Schuld!   645
Für ihn nur will ich flehen,
mein Leben sei Gebet;
laß ihn dein Leuchten sehen
eh' er in Nacht vergeht!
Mit freudigem Erbeben   650
laß dir ein Opfer weihn!
Nimm hin, o nimm mein Leben:
nicht nenn' ich es mehr mein!

642–665 *Ensemble mit Wiederholung von* 638–641   653 Ich
nenn' es nicht mehr mein!

TANNHÄUSER.

Wie soll ich Gnade finden,
wie büßen meine Schuld?   655
Mein Heil sah ich entschwinden,
mich flieht des Himmels Huld.
Doch will ich büßend wallen,
zerschlagen meine Brust,
im Staube niederfallen, –   660
Zerknirschung sei mir Lust:
o, daß nur er versöhnet,
der Engel meiner Not,
der sich, so frech verhöhnet,
zum Opfer doch mir bot!   665

   Gesang der JÜNGEREN PILGER
   aus dem Tale heraufschallend.

Am hohen Fest der Gnadenhuld
in Demut sühnet eure Schuld!
Gesegnet wer im Glauben treu:
er wird erlöst durch Buß' und Reu'.

Alle haben innegehalten und mit Rührung dem Gesange
zugehört. TANNHÄUSER, *dessen Züge von einem Strahle*
schnell erwachter Hoffnung erleuchtet werden, eilt ab mit
dem Rufe: –

Nach Rom!

---

666 Am hohen Fest der Gnad' und Huld,   667 in Demut sühn'
ich meine Schuld.   *nach* 667 *Alle haben unwillkürlich ihre Gebär-*
den gemäßigt; ELISABETH, *wie um* TANNHÄUSER *nochmals zu schüt-*
zen, hatte sich den von neuem Andringenden entgegengestellt; sie
verweist jetzt auf den verheißungsvollen Gesang der JUNGEN PIL-
GER. – TANNHÄUSER *hält plötzlich in den Bewegungen der leiden-*
schaftlichsten Zerknirschung ein und lauscht dem Gesange.   nach
669 *Ein jäher Hoffnungsstrahl leuchtet ihm; er stürzt sich mit*
krampfhafter Heftigkeit zu ELISABETHS *Füßen, küßt inbrünstig ha-*
stig den Saum ihres Gewandes und bricht dann, vor ungeheurer Er-
regung taumelnd, auf mit dem Rufe:

ALLE
ihm nachrufend.
Nach Rom! 670

Der Vorhang fällt schnell.

Dritter Aufzug

Erste Szene

Tal vor der Wartburg, links der Hörselberg, – wie am Schlusse des ersten Aufzugs, nur in herbstlicher Färbung. – Der Tag neigt sich zum Abend. – Auf dem kleinen Bergvorsprunge rechts, vor dem Marienbilde, liegt ELISABETH *in brünstigem Gebete dahingestreckt. –* WOLFRAM *kommt links von der waldigen Höhe herab. Auf halber Höhe hält er an, als er* ELISABETH *gewahrt.*

WOLFRAM.
Wohl wußt' ich hier sie im Gebet zu finden,
wie ich so oft sie treffe, wenn ich einsam
aus wald'ger Höh' mich in das Tal verirre. –
Den Tod, den er ihr gab, im Herzen,
dahingestreckt in brünst'gen Schmerzen,   675
fleht für sein Heil sie Tag und Nacht: –
o heil'ger Liebe ew'ge Macht! –
Von Rom zurück erwartet sie die Pilger, –
schon fällt das Laub, die Heimkehr steht bevor: –
kehrt er mit den Begnadigten zurück?   680
Dies ist ihr Fragen, dies ihr Flehen, –
ihr Heil'gen, laßt erfüllt es sehen!
Bleibt auch die Wunde ungeheilt, –
o, würd' ihr Lindrung nur erteilt!

Als er weiter hinabsteigen will, vernimmt er aus der Ferne den Gesang der älteren PILGER *sich nähern; er hält abermals an.*

ELISABETH
erhebt sich, dem Gesange lauschend.
Dies ist ihr Sang, – sie sind's, sie kehren heim!   685

685, 688 f., 692–695 Ensemble

Ihr Heil'gen, zeigt mir jetzt mein Amt,
daß ich mit Würde es erfülle!

WOLFRAM

während der Gesang sich langsam nähert.

Die Pilger sind's, – es ist die fromme Weise,
die der empfangnen Gnade Heil verkündet. –
O Himmel, stärke jetzt ihr Herz   690
für die Entscheidung ihres Lebens!

Gesang der ÄLTEREN PILGER

*mit welchem diese Anfangs aus der Ferne sich nähern, dann
von dem Vordergrunde rechts her die Bühne erreichen, und
das Tal entlang der Wartburg zu ziehen, bis sie hinter dem
Bergvorsprunge im Hintergrunde verschwinden.*

Beglückt darf nun dich, o Heimat, ich schauen,
und grüßen froh deine lieblichen Auen;
nun lass' ich ruhn den Wanderstab,
weil Gott getreu ich gepilgert hab'.   695
Durch Sühn' und Buß' hab' ich versöhnt
den Herren, dem mein Herze fröhnt,
der meine Reu' mit Segen krönt,
den Herren, dem mein Lied ertönt.
Der Gnade Heil ist dem Büßer beschieden,   700
er geht einst ein in der Seligen Frieden!
Vor Höll' und Tod ist ihm nicht bang,
drum preis' ich Gott mein Lebelang.
       Halleluja in Ewigkeit!
       Halleluja in Ewigkeit!   705

ELISABETH *hat von ihrem erhöhten Standpunkte herab mit
großer Aufregung unter dem Zuge der Pilger nach* TANN-
HÄUSER *geforscht. – Der Gesang verhallt allmählich; – die
Sonne geht unter.*

---

686 f., 690 f. *Ensemble, nach* 695   704 f. Halleluja! Halleluja in
Ewigkeit, in Ewigkeit!

ELISABETH

in schmerzlicher, aber ruhiger Fassung.

Er kehret nicht zurück! –

Sie senkt sich mit großer Feierlichkeit auf die Knie.

Allmächt'ge Jungfrau, hör mein Flehen!
Zu dir, Gepriesne, rufe ich!
Laß mich im Staub vor dir vergehen,
o, nimm von dieser Erde mich!   710
Mach, daß ich rein und engelgleich
eingehe in dein selig Reich! –

Wenn je, in tör'gem Wahn befangen,
mein Herz sich abgewandt von dir, –
wenn je ein sündiges Verlangen,   715
ein weltlich Sehnen keimt' in mir, –
so rang ich unter tausend Schmerzen,
daß ich es töt' in meinem Herzen!

Doch, konnt' ich jeden Fehl nicht büßen,
so nimm dich gnädig meiner an,   720
daß ich mit demutvollem Grüßen
als würd'ge Magd dir nahen kann:
um deiner Gnaden reichste Huld
nur anzuflehn für seine Schuld! –

Sie verbleibt eine Zeitlang mit verklärtem Gesichte gen
Himmel gewendet; als sie sich dann langsam erhebt, erblickt
sie WOLFRAM, *welcher sich genähert und sie mit inniger*
Rührung beobachtet hat. – Als er sie anreden zu wollen
scheint, macht sie ihm eine Gebärde, daß er nicht sprechen
möge.

WOLFRAM.

Elisabeth, dürft' ich dich nicht geleiten?   725

---

nach 706 Wiederholung 692–694

ELISABETH

drückt ihm abermals durch Gebärden aus, – sie danke ihm
und seiner treuen Liebe aus vollem Herzen; ihr Weg führe
sie aber gen Himmel, wo sie ein hohes Amt zu verrichten
habe; er solle sie daher ungeleitet gehen lassen, ihr auch
nicht folgen. – Sie geht langsam auf dem Bergwege, auf wel-
chem sie noch lange in der Entfernung gesehen wird, der
Wartburg zu.

Zweite Szene

WOLFRAM

ist zurückgeblieben; er hat ELISABETH *lange nachgesehen,*
setzt sich links am Fuße des Talhügels nieder, ergreift die
Harfe, und beginnt nach einem Vorspiele.

Wie Todesahnung Dämm'rung deckt die Lande,
umhüllt das Tal mit schwärzlichem Gewande;
der Seele, die nach jenen Höh'n verlangt,
vor ihrem Flug durch Nacht und Grausen bangt: –
da scheinest du, o lieblichster der Sterne,   730
dein sanftes Licht entsendest du der Ferne;
die nächt'ge Dämm'rung teilt dein lieber Strahl,
und freundlich zeigst den Weg du aus dem Tal.
　　O du, mein holder Abendstern,
　　wohl grüßt' ich immer dich so gern: 735
　　vom Herzen, das sie nie verriet,
　　grüß sie, wenn sie vorbei dir zieht,
　　wenn sie entschwebt dem Tal der Erden,
　　ein sel'ger Engel dort zu werden! –

---

726 Wie Todesahnung, Dämm'rung deckt die Lande,   733 und
freundlich zeigst du den Weg aus dem Tal.   737 grüße sie, wenn
sie vorbei dir zieht,   *nach* 739 *Er verbleibt mit gen Himmel ge-*
richtetem Auge, auf der Harfe fortspielend.

Dritte Szene

Es ist Nacht geworden. – TANNHÄUSER *tritt auf. Er trägt
zerrissene Pilgerkleidung, sein Antlitz ist bleich und entstellt; er wankt matten Schrittes an seinem Stabe.*

TANNHÄUSER.

Ich hörte Harfenschlag, – wie klang er traurig!   740
Der kam wohl nicht von ihr. –

WOLFRAM.

                                        Wer bist du, Pilger,
der du so einsam wanderst?

TANNHÄUSER.

                                        Wer ich bin?
Kenn' ich doch dich recht gut; – Wolfram bist du,
der wohlgeübte Sänger.

WOLFRAM.

                                        Heinrich! Du?
Was bringt dich her in diese Nähe? Sprich!   745
Wagst du es, unentsündigt wohl den Fuß
nach dieser Gegend herzulenken?

TANNHÄUSER.

Sei außer Sorg', mein guter Sänger! –
Nicht such' ich dich, noch deiner Sippschaft Einen.
Doch such' ich wen, der mir den Weg wohl
                                        zeige,   750
den Weg, den einst so wunderleicht ich fand – –

WOLFRAM.

Und welchen Weg?

---

746 Wagst du es, unentsündigt noch den Fuß

TANNHÄUSER
mit unheimlicher Lüsternheit.
Den Weg zum Venusberg!

WOLFRAM.
Entsetzlicher! Entweihe nicht mein Ohr!
Treibt es dich dahin?

TANNHÄUSER.
Kennst du wohl den Weg?

WOLFRAM.
Wahnsinn'ger! Grauen faßt mich, hör' ich dich!   755
Wo warst du? Sag, zogst du denn nicht nach Rom?

TANNHÄUSER
wütend.
Schweig mir von Rom!

WOLFRAM.
Warst nicht beim heil'gen Feste?

TANNHÄUSER.
Schweig mir von ihm!

WOLFRAM.
So warst du nicht? – Sag, ich
beschwöre dich!

TANNHÄUSER
*nach einer Pause, wie sich besinnend, mit schmerzlichem In-
grimm.*
Wohl war auch ich in Rom. –

WOLFRAM.
So sprich! Erzähle mir, Unglücklicher!   760
Mich faßt ein tiefes Mitleid für dich an.

---

756 Wo warst du? Zogst du denn nicht nach Rom?

TANNHÄUSER

nachdem er WOLFRAM *lange mit gerührter Verwunderung betrachtet hat.*

Wie sagst du, Wolfram? Bist du nicht mein Feind?

WOLFRAM.

Nie war ich es, so lang ich fromm dich wähnte! –
Doch sprich! Du pilgertest nach Rom?

TANNHÄUSER.

Wohl denn!
Hör an! Du, Wolfram, du sollst es erfahren.   765

Er läßt sich erschöpft am Fuße des vorderen Bergvorsprunges nieder. WOLFRAM *will sich an seiner Seite niedersetzen.*

Bleib fern von mir! Die Stätte, wo ich raste,
ist verflucht. – Hör an, Wolfram, hör an!

WOLFRAM *bleibt in geringer Entfernung vor* TANNHÄUSER *stehen.*

Inbrunst im Herzen, wie kein Büßer noch
sie je gefühlt, sucht' ich den Weg nach Rom.
Ein Engel hatte, ach! der Sünde Stolz   770
dem Übermütigen entwunden: –
    für ihn wollt' ich in Demut büßen,
    das Heil erflehn, das mir verneint,
    um ihm die Träne zu versüßen,
    die er mir Sünder einst geweint! –   775
Wie neben mir der schwerstbedrückte Pilger
die Straße wallt', erschien mir allzuleicht: –
betrat sein Fuß den weichen Grund der Wiesen,
der nackten Sohle sucht' ich Dorn und Stein; –
ließ Labung er am Quell den Mund genießen,   780

---

762 Wie sagst du, Wolfram? Bist du denn nicht mein Feind?
764 Doch sag, du pilgertest nach Rom? / Nun denn,   766 Zurück
von mir! Die Stätte, wo ich raste,

sog ich der Sonne heißes Glühen ein; –
wenn fromm zum Himmel er Gebete schickte,
vergoß mein Blut ich zu des Höchsten Preis; –
als das Hospiz die Wanderer erquickte,
die Glieder bettet' ich in Schnee und Eis: –   785
verschloßnen Aug's, ihr Wunder nicht zu schauen,
durchzog ich blind Italiens holde Auen: –
ich tat's, – denn in Zerknirschung wollt' ich büßen,
um meines Engels Tränen zu versüßen! – –
Nach Rom gelangt' ich so zur heil'gen Stelle,   790
lag betend auf des Heiligtumes Schwelle; –
der Tag brach an: – da läuteten die Glocken,
hernieder tönten himmlische Gesänge;
da jauchzt' es auf in brünstigem Frohlocken,
denn Gnad' und Heil verhießen sie der Menge.   795
Da sah ich ihn, durch den sich Gott verkündigt,
vor ihm all' Volk im Staub sich niederließ;
und Tausenden er Gnade gab, entsündigt
er Tausende sich froh erheben hieß. –
Da naht' auch ich; das Haupt gebeugt zur Erde,   800
klagt' ich mich an mit jammernder Gebärde
der bösen Lust, die meine Sinn' empfanden,
des Sehnens, das kein Büßen noch gekühlt;
und um Erlösung aus den heißen Banden
rief ich ihn an, von wildem Schmerz durchwühlt. –
    Und er, den so ich bat, hub an: –   806
»Hast du so böse Lust geteilt,
dich an der Hölle Glut entflammt,
hast du im Venusberg geweilt:
so bist nun ewig du verdammt!   810
Wie dieser Stab in meiner Hand
nie mehr sich schmückt mit frischem Grün,
kann aus der Hölle heißem Brand
Erlösung nimmer dir erblühn!« – –

---

784   als im Hospiz der Müde sich erquickte,

Da sank ich in Vernichtung dumpf darnieder,   815
die Sinne schwanden mir. – Als ich erwacht,
auf ödem Platze lagerte die Nacht, –
von fern her tönten frohe Gnadenlieder. –
Da ekelte mich der holde Sang, –
von der Verheißung lügnerischem Klang,   820
der eiseskalt mir durch die Seele schnitt,
trieb Grauen mich hinweg mit wildem Schritt. –
Dahin zog's mich, wo ich der Wonn' und Lust
so viel genoß an ihrer warmen Brust! –

    Zu dir, Frau Venus, kehr' ich wieder,   825
    in deiner Zauber holde Nacht;
    zu deinem Hof steig' ich darnieder,
    wo nun dein Reiz mir ewig lacht!

WOLFRAM.

Halt ein! Halt ein, Unseliger!

TANNHÄUSER.

Ach, laß mich nicht vergebens suchen, –   830
wie leicht fand ich doch einstens dich!
Du hörst, daß mir die Menschen fluchen, –
nun, süße Göttin, leite mich!

WOLFRAM.

Wahnsinniger, wen rufst du an?
Leichte Nebel hüllen allmählich die Szene ein.

TANNHÄUSER.

Ha! fühlest du nicht milde Lüfte?   835

WOLFRAM.

Zu mir! Es ist um dich getan!

---

824 so viel genoß, an ihre warme Brust!   825–899 *Zur Fassung
1845 siehe Anhang 2c, S. 69–73.*   829 Halt ein! Halt ein, Unsel'ger!   *nach* 830 WOLFRAM. Halt ein!   831 Wie leicht fand
ich doch einsten dich!   *nach* 831 WOLFRAM. Unsel'ger!

TANNHÄUSER.

Und atmest du nicht holde Düfte?
Hörst du nicht die jubelnden Klänge?

WOLFRAM.

In wildem Schauer bebt die Brust!

TANNHÄUSER.

Das ist der Nymphen tanzende Menge! –   840
Herbei, herbei zu Wonn' und Lust!

Eine rosige Dämmerung beginnt, die Nebel zu durchleuch-
ten: durch sie gewahrt man wirre Bewegungen tanzender
Nymphen.

WOLFRAM.

Weh, böser Zauber tut sich auf!
Die Hölle naht in wildem Lauf.

TANNHÄUSER.

Entzücken dringt durch alle Sinne,
gewahr' ich diesen Dämmerschein;   845
dies ist das Zauberreich der Minne,
im Venusberg drangen wir ein!

In heller, rosiger Beleuchtung wird VENUS, *auf einem Lager*
ruhend, sichtbar.

VENUS.

Willkommen, ungetreuer Mann!
Schlug dich die Welt mit Acht und Bann?
Und findest nirgends du Erbarmen,   850
suchst Liebe nun in meinen Armen?

---

838 Hörst du nicht jubelnde Klänge?   841 Herbei! Herbei! Her-
bei, herbei zu Wonn' und Lust!   843 Die Hölle naht mit wildem
Lauf!   844 Entzücken dringt durch meine Sinne,   851 suchst
Liebe du in meinen Armen?

TANNHÄUSER.

Frau Venus, o, Erbarmungsreiche!
Zu dir, zu dir zieht es mich hin!

WOLFRAM.

Du Höllenzauber, weiche, weiche!
Berücke nicht des Reinen Sinn!　　　855

VENUS.

Nahst du dich wieder meiner Schwelle,
sei dir dein Übermut verziehn;
ewig fließt dir der Freuden Quelle,
und nimmer sollst du von mir fliehn!

TANNHÄUSER.

Mein Heil, mein Heil hab' ich verloren,　　855
nun sei der Hölle Lust erkoren!

WOLFRAM

ihn heftig zurückhaltend.

Allmächt'ger, steh dem Frommen bei!
Heinrich, – ein Wort, es macht dich frei –:
dein Heil –!

VENUS.

Zu mir!

TANNHÄUSER

zu WOLFRAM.

Laß ab von mir!

VENUS.

O komm! Auf ewig sei nun mein!　　865

852–855 *Ensemble*　　854 Zauber der Hölle, weiche, weiche!
858 ewig fließe dir der Freuden Quelle,　　861–865 *Ensemble*
864 VENUS. O komm!　　TANNHÄUSER. Laß ab! Laß ab von mir!

WOLFRAM.

Noch soll das Heil dir Sünder werden!

TANNHÄUSER.

Nie, Wolfram, nie! Ich muß dahin!

WOLFRAM.

Ein Engel bat für dich auf Erden –
bald schwebt er segnend über dir:
Elisabeth!

TANNHÄUSER

der sich soeben von WOLFRAM *losgerissen, bleibt, wie von einem heftigen Schlage gelähmt, an die Stelle geheftet.*

Elisabeth! –   870

MÄNNERGESANG

aus dem Hintergrunde.

Der Seele Heil, die nun entflohn
dem Leib der frommen Dulderin!

WOLFRAM

nach dem ersten Eintritt des Gesanges.

Dein Engel fleht für dich an Gottes Thron, –
er wird erhört! Heinrich, du bist erlöst!

VENUS.

Weh! Mir verloren!   875

Sie verschwindet, und mit ihr die ganze zauberische Erscheinung. Das Tal, vom Morgenrot erleuchtet, wird wieder sichtbar: von der Wartburg her geleitet ein Trauerzug einen offenen Sarg.

---

nach 866 VENUS. *O komm!*   *nach 868* VENUS. *Komm, o komm!*
TANNHÄUSER. *Laß mich! Ensemble*   *nach 869* VENUS. *Zu mir! Zu mir!   vor 871* MÄNNERCHOR *hinter der Szene*   *871–899 Zur Fassung 1853 siehe Anhang 2 d, S. 73 ff.   871 f. +* SÄNGER *872–875 Ensemble*

MÄNNERGESANG.

Ihr ward der Engel sel'ger Lohn,
himmlischer Freuden Hochgewinn.

WOLFRAM

TANNHÄUSER *in den Armen sanft umschlossen haltend.*
Und hörst du diesen Sang?

TANNHÄUSER.

Ich höre!

Von hier an betritt der Trauerzug die Tiefe des Tales, die ÄL-
TEREN PILGER *voran; den offenen Sarg mit der Leiche* ELI-
SABETHS *tragen* EDLE, *der* LANDGRAF *und die* SÄNGER *gelei-
ten ihn zur Seite, Grafen und Edle folgen.*

MÄNNERGESANG.

Heilig die Reine, die nun vereint
göttlicher Schar vor dem Ewigen steht!   880
Selig der Sünder, dem sie geweint,
dem sie des Himmels Heil erfleht!

Auf WOLFRAMS *Bedeuten ist der Sarg in der Mitte der
Bühne niedergesetzt worden.* WOLFRAM *geleitet* TANNHÄU-
SER *zu der Leiche, an welcher dieser niedersinkt.*

TANNHÄUSER.

Heilige Elisabeth, bitte für mich!
Er stirbt.

DIE JÜNGEREN PILGER

auf dem vorderen Bergvorsprunge einherziehend.
Heil! Heil! Der Gnade Wunder Heil!

---

876 f. + SÄNGER   878 WOLFRAM. Und hörst du den Gesang?
879–882 + SÄNGER   *vor 884 Die* JÜNGEREN PILGER, *auf dem vor-
dern Bergvorsprung einherziehend und in ihrer Mitte einen neu er-
grünten Priesterstab tragend.*   884–899 *Zur Fassung 1847 siehe
Anhang 2 e, S. 75 f.*

Erlösung ward der Welt zu Teil!   885
Es tat in nächtlich heil'ger Stund'
der Herr sich durch ein Wunder kund:
den dürren Stab in Priesters Hand
hat er geschmückt mit frischem Grün:
dem Sünder in der Hölle Brand   890
soll so Erlösung neu erblühn!
Ruft ihm es zu durch alle Land',
der durch dies Wunder Gnade fand!
Hoch über aller Welt ist Gott,
und sein Erbarmen ist kein Spott!   895
Halleluja! Halleluja!
Halleluja!

ALLE

in höchster Ergriffenheit.

Der Gnade Heil ist dem Büßer beschieden,
er geht nun ein in der Seligen Frieden!

Der Vorhang fällt.

896–899 *Ensemble*   898 Der Gnade Heil ward dem Büßer beschieden,   899 nun geht er ein in der Seligen Frieden!

Anhang 1

Erster Aufzug, Zweite Szene

(Fassung der Partitur von 1875)

VENUS und TANNHÄUSER.

TANNHÄUSER *zuckt mit dem Haupte empor, als fahre er aus einem Traume auf.* – VENUS *zieht ihn schmeichelnd zurück.* – TANNHÄUSER *führt die Hand über die Augen, als suche er ein Traumbild festzuhalten.*

VENUS.

Geliebter, sag, wo weilt dein Sinn?

TANNHÄUSER.

Zu viel! Zu viel! O, daß ich nun
erwachte!

VENUS.

Sag mir, was dich mühet!

TANNHÄUSER.

Im Traum war mir's, als hörte ich,
was meinem Ohr so lange fremd,
als hörte ich der Glocken frohes Geläute.
O sag, wie lange hört' ich's doch nicht mehr?

VENUS.

Was faßt dich an? Wohin verlierst du dich?
Sie führt ihre Hand sanft über seine Stirn.

TANNHÄUSER.

Die Zeit, die hier ich verweil', ich kann sie nicht
ermessen. Tage, Monde – gibt's für mich
nicht mehr; denn nicht mehr sehe ich die Sonne,
nicht mehr des Himmels freundliche Gestirne;

den Halm seh' ich nicht mehr, der frisch ergrünend
den neuen Sommer bringt; die Nachtigall
hör' ich nicht mehr, die mir den Lenz verkünde.
Hör' ich sie nie? Seh' ich sie niemals mehr?

VENUS

mit ruhiger Verwunderung.

Ha! was vernehm' ich? Welch tör'ge Klage!
Bist du so bald der holden Wunder müde,
die meine Liebe dir bereitet? Oder
wie? Könnt' ein Gott zu sein so sehr dich reun?
Hast du so bald vergessen, wie du einst
gelitten, während jetzt hier du dich erfreust? –

Sie erhebt sich.

Mein Sänger! Auf! Auf, und ergreif deine Harfe,

Sie nimmt die Harfe und hält sie ihm vor.

die Liebe feire, die so herrlich du besingest,
daß du der Liebe Göttin selber dir gewannst!
die Liebe feire, da ihr höchster Preis dir ward!

TANNHÄUSER

*zu einem plötzlichen Entschlusse ermannt, ergreift seine
Harfe und stellt sich feierlich vor Venus hin.*

Dir töne Lob! Die Wunder sei'n gepriesen,
die deine Macht mir Glücklichem erschuf!
Die Wonnen süß, die deiner Huld entsprießen,
erheb' mein Lied in lautem Jubelruf!
Nach Freude, ach! nach herrlichem Genießen
verlangt' mein Herz, es dürstete mein Sinn: –
da, was nur Göttern einstens du erwiesen,
gab deine Gunst mir Sterblichem dahin.
Doch sterblich, ach! bin ich geblieben,
und übergroß ist mir dein Lieben;
wenn stets ein Gott genießen kann,
bin ich dem Wechsel untertan;

nicht Lust allein liegt mir am Herzen,
aus Freuden sehn' ich mich nach Schmerzen!
Aus deinem Reiche muß ich fliehn,
o Königin! Göttin, laß mich ziehn!

VENUS

wie aus einem Traume erwachend.

Was muß ich hören? Welch ein Sang!
Welch trübem Ton verfällt dein Lied?
Wohin floh die Begeist'rung dir,
die Wonnesang dir nur gebot?
Was ist's? Worin war meine Liebe lässig,
Geliebter, wessen klagest du mich an?

TANNHÄUSER.

Dank deiner Huld gepriesen sei dein Lieben!
Beglückt für immer, wer bei dir geweilt!
Ewig beneidet, wer mit warmen Trieben
in deinen Armen Götterglut geteilt!
Entzückend sind die Wunder deines Reiches,
die Zauber aller Wonnen atm' ich hier;
kein Land der weiten Erde bietet Gleiches,
was sie besitzt, scheint leicht entbehrlich dir.
    Doch ich, aus diesen ros'gen Düften
    verlange nach des Waldes Lüften,
    nach unsres Himmels klarem Blau,
    nach unsrem frischen Grün der Au,
    nach unsrer Vöglein liebem Sange,
    nach unsrer Glocken trautem Klange;
    aus deinem Reiche muß ich fliehn!
    O Königin! Göttin! Laß mich ziehn!

VENUS

von ihrem Lager aufspringend.

Treuloser! Weh! Was lässest du mich hören?
Du wagest meine Liebe zu verhöhnen?

Du preisest sie und willst sie dennoch fliehn?
Zum Überdruß ist dir mein Reiz gediehn?

TANNHÄUSER.

Ach! schöne Göttin, wolle mir nicht zürnen!
Dein übergroßer Reiz ist's, den ich fliehe!

VENUS.

Weh dir! Verräter! Heuchler! Undankbarer!
Ich lass' dich nicht! Du darfst nicht von mir ziehn.

TANNHÄUSER.

Nie war mein Lieben größer, niemals wahrer
als jetzt, da ich für ewig dich muß fliehn!

VENUS *hat sich mit einem Schrei abgewandt, ihr Gesicht in
den Händen bergend. – Langes Stillschweigen. –* VENUS
sucht allmählich wieder TANNHÄUSERS *Blick, dem sie plötzlich mit verführerischem Lächeln sich zuwendet. – Auf
ihren Wink erscheint eine zauberische Grotte, auf welche
sie deutet.*

VENUS.

Geliebter! Komm, sieh dort die Grotte
von ros'gen Düften mild durchwallt;
Entzücken böt' selbst einem Gotte
der süß'sten Freuden Aufenthalt!
Besänftigt auf dem weichsten Pfühle,
flieh' deine Glieder jeder Schmerz;
dein brennend Haupt umwehe Kühle,
wonnige Glut durchschwelle dein Herz!

Indem sie ihn sanft nach sich zu ziehen sucht.

Komm, süßer Freund, komm, folge mir! Komm!

SIRENEN
unsichtbar.

Naht euch dem Strande!

VENUS.

Aus holder Ferne mahnen süße Klänge,
daß dich mein Arm in trauter Näh' umschlänge;
von meinen Lippen, aus meinen Blicken schlürfst
du den Göttertrank, strahlt dir der Liebesdank.
Ein Freudenfest soll unsrem Bund entstehen,
der Liebe Feier laß uns froh begehen;
nicht sollst du ihr ein scheues Opfer weihn:
mit der Liebe Göttin schwelge im Verein!
Sag, holder Freund, sag, mein Geliebter: willst du
fliehn?

TANNHÄUSER

auf das Äußerste hingerissen, nochmals die Harfe ergrei-
fend.

Stets soll nur dir, nur dir mein Lied ertönen,
gesungen laut sei nur dein Preis von mir!
Dein süßer Reiz ist Quelle alles Schönen,
und jedes holde Wunder stammt von dir!
Die Glut, die du mir in das Herz gegossen,
als Flamme lodre hell sie dir allein!
Ja! gegen alle Welt will unverdrossen
fortan ich nun dein kühner Streiter sein!
    Doch hin muß ich zur Welt der Erden;
    bei dir kann ich nur Sklave werden!
    Nach Freiheit doch verlangt es mich!
    Nach Freiheit, Freiheit dürste ich!
    Zu Kampf und Streite will ich stehn,
    sei's auch auf Tod und Untergehn!
    Drum muß aus deinem Reich ich fliehn!
    Oh Königin! Göttin! Laß mich ziehn!

VENUS.

Zieh hin! Wahnbetörter! Zieh hin!
Geh! Verräter, sieh, nicht halt' ich dich!
Flieh, ich geb' dich frei! Zieh hin! Betörter!

Was du verlangst, das sei dein Los!
Zieh hin! Zieh hin!
Hin zu den kalten Menschen flieh,
vor deren blödem, trübem Wahn
der Freude Götter wir entflohn,
tief in der Erde wärmenden Schoß.
Zieh hin, Betörter! Suche dein Heil!
Suche dein Heil, und find' es nie!
Sie, die du siegend einst verlachtest,*
die jauchzenden Mutes du verhöhnt,
nun fleh sie an um Gnade, wo du verachtest,
jammre nun um Huld!
Dann leuchte deine Schande,
der hellen Schmach wird dann ihr Spott!
Gebannt, verflucht, ha! wie seh' ich schon dich
                                    mir nahn,
tief das Haupt zur Erde:
»Oh! fändest du sie wieder,
die einst dir gelächelt!
Ach! öffnete sie dir wieder
die Tore ihrer Wonnen!«
Auf der Schwelle, sieh da! – ausgestreckt liegt
                                    er nun,
dort wo Freude einst ihm geflossen!
Um Mitleid fleht er bettelnd,
nicht um Liebe! ...
Zurück! Entweich, Bettler!
Knechten nie, – nur Helden öffnet sich mein
                                    Reich.

TANNHÄUSER.

Nein! Mein Stolz soll dir den Jammer sparen,
mich entehrt je dir nah zu sehn!
Der heut von dir scheidet, oh Göttin,
er kehret nie zu dir zurück!

---

* *Zur Fassung 1845–1860 siehe Anhang 2 b, S. 68 f.*

VENUS.

Ha! Du – kehrtest nie zurück!
Wie sagt' ich?
Ha! wie sagte er? ...
Nie – mir zurück! –
Wie soll ich's denken? –
Wie es erfassen?
Mein Geliebter ewig mich fliehn? ...
Wie hätt' ich das erworben,
wie träf' mich solch Verschulden,
daß mir die Lust geraubt,
dem Trauten zu verzeihn?
Der Königin der Liebe,
der Göttin aller Hulden,
wär' einzig dies versagt,
Trost dem Freunde zu weihn?
Wie einst, lächelnd unter Tränen,
ich sehnsuchtsvoll dir lauschte,
den stolzen Sang zu hören,
der rings so lang mir verstummt;
oh! sag, wie könntest je du wohl wähnen,
daß ungerührt ich bliebe,
dräng' zu mir einst deiner Seele Seufzen,
hört ich dein Klagen?
Daß letzte Tröstung
in deinem Arm ich fand,
oh laß dess' mich nicht entgelten,
verschmäh einst auch du nicht meinen Trost!

In Verzweiflung ausbrechend.

Kehrst du mir nicht zurück, –
so treffe Fluch die ganze Welt!
und für ewig sei öde sie,
aus der die Göttin wich!

Verzweiflungsvoll flehend.

O kehr, kehr wieder!
Trau meiner Huld, meiner Liebe!

TANNHÄUSER.

Wer, Göttin, dir entfliehet,
flieht ewig jeder Huld!

VENUS.

Nicht wehre stolz deinem Sehnen,
wenn zurück zu mir es dich zieht!

TANNHÄUSER.

Mein Sehnen drängt zum Kampfe,
nicht such' ich Wonn' und Lust!
Ach! mögest du es fassen, Göttin! –
hin zum Tod, den ich suche, zum Tode drängt
es mich!

VENUS.

Kehr zurück, wenn der Tod selbst dich flieht,
wenn vor dir das Grab selbst sich schließt!

TANNHÄUSER.

Den Tod, das Grab, hier im Herzen ich trag',
durch Buß' und Sühne wohl find' ich Ruh' für
mich!

VENUS.

Nie ist Ruh' dir beschieden,
nie findest du Frieden!
Kehr wieder mir,
suchst einst du dein Heil!

TANNHÄUSER.

Göttin der Wonn' und Lust! Nein! ach, nicht
in dir find' ich Frieden und Ruh'!
mein Heil liegt in Maria!

VENUS *verschwindet. – Die Szene verwandelt sich schnell.*

Anhang 2

Frühere Fassungen
(nach den entsprechenden gedruckten Textbüchern)

a) Erster Aufzug, Erste Szene
(Fassung 1845–1860)

Die Bühne stellt das Innere des Venusberges (Hörselberges bei Eisenach) dar. Weite Grotte, welche sich im Hintergrunde durch eine Biegung nach rechts wie unabsehbar ausdehnt. Im fernsten sichtbaren Hintergrunde zieht sich ein blauer See dahin; in ihm erblickt man die badenden Gestalten von NAJADEN, *an seinen erhöhten Ufervorsprüngen sind* SIRENEN *gelagert. Im äußersten Vordergrunde links liegt* VENUS *auf einem Lager ausgestreckt, vor ihr halb kniend liegt* TANNHÄUSER, *das Haupt in ihrem Schoße. – Die ganze Grotte ist durch rosiges Licht erleuchtet. – Den Mittelpunkt nimmt eine Gruppe tanzender* NYMPHEN *ein; auf etwas erhöhten Vorsprüngen an den Seiten der Grotte sind liebende Paare gelagert, von denen sich einzelne nach und nach in den Tanz der Nymphen mischen. – Ein Zug von* BACCHANTINNEN *kommt aus dem Hintergrunde in wildem Tanze dahergebraust; sie durchziehen mit trunkenen Gebärden die Gruppen der Nymphen und liebenden Paare, welche durch sie bald zu größerem Ungestüm hingerissen werden. Dem immer wilder werdenden Tanze antwortet, wie im Echo, vom See im Hintergrunde her der*

Gesang der SIRENEN.
Naht euch dem Strande,
naht euch dem Lande,
wo in den Armen
glühender Liebe
selig Erwarmen
still' eure Triebe!

*Die Tanzenden halten in der leidenschaftlichsten Gruppe
plötzlich an und lauschen dem Gesange. – Von Neuem be-
lebt sich dann der Tanz und gelangt auf den äußersten Grad
wilden Ungestüms. Mit dem Momente der trunkensten bac-
chantischen Wut tritt eine schnell um sich greifende Er-
schlaffung ein. Die Paare der Liebenden scheiden sich nach
und nach vom Tanze aus und lagern sich, wie in angeneh-
mer Ermattung, auf den Vorsprüngen der Grotte. Der Zug
der* BACCHANTINNEN *verschwindet nach dem Hintergrunde
zu, vor welchem sich ein immer dichter werdender Duft
ausbreitet. Auch im Vordergrunde senkt sich allmählich ein
dichterer Duft herab und verhüllt die Gruppen der Schlafenden wie in rosige Wolken, so daß endlich der sichtbare
Teil der freigelassenen Bühne sich nur noch auf einen kleinen Raum beschränkt, in welchem* VENUS *und* TANNHÄUSER,
*in ihrer früheren Stellung, allein zurück bleiben. In weiter
Ferne verhallt der Gesang der* SIRENEN.

b) Erster Aufzug, Zweite Szene, ab Vers 126
(Fassung 1845–1860)

VENUS.

Bald weicht der Stolz aus deiner Seel', –
Demütig seh' ich dich mir nahn, –
Zerknirscht, zertreten suchst du mich auf,
Flehst um die Wunder meiner Macht.

TANNHÄUSER.

Ach, schöne Göttin, lebe wohl!
Nie kehre ich zu dir zurück.

VENUS.

Ha, kehrtest du mir nie zurück! ...
Kehrst du nicht wieder, ha! so sei verflucht
Von mir das ganze menschliche Geschlecht!

Nach meinen Wundern dann vergebens suchet!
Die Welt sei öde, und ihr Held ein Knecht! –
  Kehr wieder! Kehre mir zurück!

TANNHÄUSER.

Nie mehr erfreu' mich Liebesglück!

VENUS.

Kehr wieder, wenn dein Herz dich zieht! –

TANNHÄUSER.

Für ewig dein Geliebter flieht.

VENUS.

Wenn alle Welt dich von sich stößt! –

TANNHÄUSER.

Vom Bann werd' ich durch Buß' erlöst.

VENUS.

Nie wird Vergebung dir zu Teil, –
  Kehr wieder, schließt sich dir das Heil!

TANNHÄUSER.

Mein Heil! Mein Heil ruht in Maria!
Furchtbarer Schlag. VENUS *ist verschwunden.*

c) Dritter Aufzug, Dritte Szene, ab Vers 825
         (Fassung 1845)

TANNHÄUSER.

Zu deinem Hof, Frau Venus, steig' ich nieder,
Wo nun dein süßer Reiz mir ewig lacht!
Ach, kaum erkennst den Buhlen du wohl wieder, –
Der Ärmste, sieh! was sie aus ihm gemacht! –
      Er sinkt erschöpft zusammen.

WOLFRAM
dumpf vor sich hin.

Entsetzlich! Ist's ein Traum, was ich erlebe?

TANNHÄUSER

sich allmählich wieder belebend, mit unheimlicher Steigerung.

Nun wandr' ich Tag und Nacht, den holden Berg
Zu finden, die süßen Töne zu vernehmen,
Die mich das erste Mal so zaubertrunken
Geleitet in das Reich der Freud' und Lust. –
Hast, Wolfram, du die Klänge nie gehört?

WOLFRAM
mit feierlichem Entschlusse.

Unsel'ger! Halt! Hier sei der Irrfahrt Ziel!
Wehr der Versuchung! Blicke auf zu Gott!

TANNHÄUSER.

O, spotte mein! Du hörst, ich bin verflucht!

WOLFRAM.

Verflucht bist du, wenn du der Hölle Zauber
Nicht kräftig widerstehst.

TANNHÄUSER.

                    Kein Widerstand!
Der Zauber ist so hold: – willst du ihn kennen?
Komm mit, Wolfram! Laß dich von mir geleiten,
Zu namenlosen Wonnen führ' ich dich.

Man sieht den fernen Hörselberg in immer hellerem rosigen Scheine erglühen; er scheint durchsichtig zu werden, so daß man in ihm wirre Bewegungen, wie von tanzenden Gestalten, erblicken kann; jubelnde Musik dringt aus ihm her.

TANNHÄUSER.

Horch! Horch! Vernimmst du nicht die jubelnden
Klänge?
Atmest du nicht entzückend holde Düfte?
Sieh dort! Dort! Ich geleitete dich schnell: –
Das ist der Berg, der süße Venusberg!

WOLFRAM.

Allmächt'ger! Steh dem Frommen bei!
Dem Himmel beut die Hölle Spott!
Getrotzt sei ihrer Zauberei!
Auf, Heinrich! Wende dich zu Gott!

TANNHÄUSER

sich von WOLFRAM *loszureißen suchend.*

Frau Venus, o Erbarmungsreiche!
Dein Buhle naht! Zu dir! Zu dir!

WOLFRAM

ihn heftig zurückhaltend.

Verzweiflungs-Wahnsinn, weiche! weiche!
Heinrich, dein Heil!

TANNHÄUSER.

Laß ab von mir!

WOLFRAM.

Noch soll das Heil dir Sünder werden!

TANNHÄUSER.

Nie, Wolfram! Nie! – Ich muß zu ihr!

WOLFRAM.

Ein Engel bat für dich auf Erden, –
Bald schwebt er segnend über dir!
Elisabeth! –

TANNHÄUSER

wie von einem furchtbaren Schlage gelähmt.

Elisabeth! – –

Aus dem Hofe der Wartburg sieht man Fackelschein aufleuchten; die langsamen Schläge eines Totenglöckchens lassen sich von eben daher vernehmen.

MÄNNERGESANG

von der Wartburg herdringend.

Der Seele Heil, die nun entflohn
Dem Leib der frommen Dulderin;
Ihr wird der Engel sel'ger Lohn,
Himmlischer Freuden Hochgewinn!

WOLFRAM

nach dem ersten Eintritt des Gesanges.

Dein Engel fleht für dich an Gottes Thron; –
Er wird erhört! Heinrich, du bist erlöst!

Die zauberhafte Erscheinung am Hörselberge, die sich während des Vorigen immer mehr gesteigert hatte, erbleicht allmählich vor der anbrechenden Morgendämmerung.

TANNHÄUSER.

Heilige Elisabeth, bitte für mich!

Er sinkt entseelt in WOLFRAMS *Armen langsam zu Boden.*

Chor der JÜNGEREN PILGER

welche vom Vordergrunde rechts her die Bühne betreten und während des Sonnenaufgangs sich langsam über das Tal verbreiten.

Heil! Heil! Der Gnade Wunder Heil!
Erlösung ward der Welt zu Teil!
Es tat in nächtlich heil'ger Stund'
Der Herr sich durch ein Wunder kund: –
Den dürren Stab in Priesters Hand

Hat er geschmückt mit frischem Grün:
Dem Sünder in der Hölle Brand
Soll so Erlösung neu erblühn!
Ruft ihm es zu durch alle Land',
Der durch dies Wunder Gnade fand!
Hoch über aller Welt ist Gott,
Und sein Erbarmen ist kein Spott!
Halleluja! Halleluja!

Die JÜNGEREN PILGER, *von denen eine Anzahl auch auf dem Bergwege die Bühne betreten hat, erfüllen die Tiefe und Höhe des Tales; von der Wartburg her sieht man die* ÄLTEREN PILGER *auf dem höheren Bergwege ihnen entgegenziehen. Die Sonne ist hinter dem Hörselberge aufgegangen und läßt das ganze Tal in ihrem Scheine erglühen. – Der Vorhang fällt.*

Ende der Oper

d) Dritter Aufzug, Dritte Szene, ab Vers 871
(Fassung 1853)

Die Nebel verfinstern sich allmählich; durch dieselben gewahrt man von der Höhe der Wartburg her Lichtschein leuchten; die langsamen Schläge eines Totenglöckchens lassen sich von eben daher vernehmen.

MÄNNERGESANG
von der Höhe des Hintergrundes.

Der Seele Heil, die nun entflohn
Dem Leib der frommen Dulderin!

WOLFRAM
nach dem ersten Eintritt des Gesanges.

Dein Engel fleht für dich an Gottes Thron, –
Er wird erhört! Heinrich, du bist erlöst!

VENUS.

Weh! Mir verloren!

Sie verschwindet, und mit ihr die ganze Zaubererscheinung.
Morgendämmerung. Der Gesang, wie von der Wartburg
herabdringend, wird immer stärker vernommen.

MÄNNERGESANG.

Ihr ward der Engel sel'ger Lohn,
Himmlischer Freuden Hochgewinn.

WOLFRAM

TANNHÄUSER *in den Armen sanft umschlossen haltend.*

Und hörst du diesen Sang?

TANNHÄUSER.

Ich höre!

MÄNNERGESANG.

Heilig die Reine, die nun vereint
Göttlicher Schar vor dem Ewigen steht!
Selig der Sünder, dem sie geweint,
Dem sie des Himmels Heil erfleht!

TANNHÄUSER

in WOLFRAMS *Armen langsam zur Erde sinkend.*

Heilige Elisabeth, bitte für mich!

Er stirbt.

DIE JÜNGEREN PILGER

einen mit grünem Laub geschmückten Priesterstab hoch in
ihrer Mitte tragend, die Bühne von rechts im Vordergrunde
her betretend, und während des Sonnenaufganges sich lang-
sam über das Tal verbreitend. Sie alle sind mit grünen Zwei-
gen geschmückt.

Heil! Heil! Der Gnade Wunderheil!
Erlösung ward der Welt zu Teil!
Es tat in nächtlich heil'ger Stund'

Der Herr sich durch ein Wunder kund:
Den dürren Stab in Priesters Hand
Hat er geschmückt mit frischem Grün
Dem Sünder in der Hölle Brand
Soll so Erlösung neu erblühn!
Ruft ihm es zu durch alle Land',
Der durch dies Wunder Gnade fand!
Hoch über alle Welt ist Gott,
Und sein Erbarmen ist kein Spott!
Halleluja! Halleluja! –

Die JÜNGEREN PILGER, *von denen eine Anzahl auf dem
Bergwege die Bühne betreten hat, erfüllen die Tiefe und
Höhe des Tales; von der Wartburg her sieht man die* ÄLTE-
REN PILGER *auf dem höhern Bergwege ihnen entgegen ziehen. Die Sonne ist hinter dem Hörselberge aufgegangen und
läßt das ganze Tal in ihrem Scheine erglühen. – Der Vorhang fällt.*

Ende

e) Dritter Aufzug, Dritte Szene, ab Vers 884
(Fassung 1847)

WOLFRAM.

Er ist erlöst!

DER LANDGRAF und DIE SÄNGER.

Er ist erlöst!

DIE EDLEN und DIE PILGER.

Er ist erlöst!

DIE JÜNGEREN PILGER

auf dem vorderen Bergvorsprunge die Bühne betretend.

Er ist erlöst!

ALLE.

Der Gnade Heil ist dem Büßer beschieden,
Er geht nun ein in der Seligen Frieden.

Der Vorhang fällt.

Literaturhinweise

Ausgaben, Werkverzeichnis, Gesamtdarstellungen

Richard Wagner. Sämtliche Werke. Hrsg. im Auftrag der Gesellschaft zur Förderung der Richard-Wagner-Gesamtausgabe in Verb. mit der Bayerischen Akademie der Schönen Künste, München. Begr. von Carl Dahlhaus. Editionsleitung Egon Voss. Mainz: Schott, 1970 ff.

Richard Wagner. Sämtliche Schriften und Dichtungen. Volks-Ausgabe. 16 Bde. Leipzig: Breitkopf & Härtel, [1911–14].

Richard Wagner: Mein Leben. Vollständige, kommentierte Ausgabe. Hrsg. von Martin Gregor-Dellin. München: List, 1976.

Cosima Wagner: Die Tagebücher. Hrsg. und komm. von Martin Gregor-Dellin und Dietrich Mack. 2 Bde. München/Zürich: Piper, 1976–77.

Richard Wagner: Sämtliche Briefe. Hrsg. im Auftrage der Richard-Wagner-Stiftung Bayreuth von Gertrud Strobel und Werner Wolf (Bd. 1–5), Hans-Joachim Bauer und Johannes Forner (Bd. 6–8). Leipzig: Deutscher Verlag für Musik, 1967 ff. – Hrsg. von der Richard-Wagner-Stiftung Bayreuth. Editionsleitung Werner Breig (Bd. 10, 11). Wiesbaden: Breitkopf & Härtel, 1999 f.

John Deathridge / Martin Geck / Egon Voss: Wagner-Werk-Verzeichnis. Verzeichnis der musikalischen Werke Richard Wagners und ihrer Quellen. Mainz: Schott, 1986. [WWV.]

Richard-Wagner-Handbuch. Hrsg. von Ulrich Müller und Peter Wapnewski. Stuttgart: Kröner, 1986.

Adler, Guido: Richard Wagner. Leipzig 1904.

Adorno, Theodor W.: Versuch über Wagner. Frankfurt a. M. 1952.

Bekker, Paul: Wagner. Das Leben im Werke. Berlin/Leipzig 1924.

Borchmeyer, Dieter: Das Theater Richard Wagners. Stuttgart 1982.

Dahlhaus, Carl: Wagners Konzeption des musikalischen Dramas. Regensburg 1971.

– / Deathridge, John: Wagner. Aus dem Engl. von Bettina Obrecht. Stuttgart/Weimar 1994.

Glasenapp, Carl Friedrich: Das Leben Richard Wagners in sechs Büchern dargestellt. 6 Bde. Leipzig 1908–23 [u. ö.].

Gregor-Dellin, Martin: Richard Wagner. Sein Leben, sein Werk, sein Jahrhundert. München/Zürich 1980.

Gutman, Robert: Richard Wagner. Der Mensch, sein Werk, seine
  Zeit. München 1970.
Mann, Thomas: Leiden und Größe Richard Wagners. In: Th. M.:
  Wagner und unsere Zeit. Hrsg. von Erika Mann. Frankfurt a. M.
  1963. S. 63–120.
Newman, Ernest: The Life of Richard Wagner. 4 Bde. New York
  1933–46.
Voss, Egon: Studien zur Instrumentation Richard Wagners. Regens-
  burg 1970.

Zu *Tannhäuser*

Wagner, Richard: Der Venusberg. Erstschrift des Prosaentwurfs.
  Hrsg. von Oswald Georg Bauer. In: Programmhefte der Bayreu-
  ther Festspiele 1985. [*Tannhäuser*, S. 1–19.]
– Über die Aufführung des *Tannhäuser*. Eine Mittheilung an die
  Dirigenten und Darsteller dieser Oper. Zürich 1852. – Wiederab-
  gedr. in: R. W.: Gesammelte Schriften und Dichtungen. Bd. 5.
  Leipzig 1872. S. 159–204. Sowie in: R. W.: Sämtliche Schriften und
  Dichtungen. Volks-Ausgabe. Leipzig [o. J.]. Bd. 5. S. 123–159.
– Brief an Mathilde Wesendonck vom 10. April 1860. In: Richard
  Wagner an Mathilde Wesendonck. Tagebuchblätter und Briefe
  1853–1871. Hrsg. von Wolfgang Golther. Berlin 1904. S. 223–227.

Abbate, Carolyn: The Parisian »Venus« and the »Paris« *Tannhäu-
  ser*. In: Journal of the American Musicological Society 36 (1983)
  Nr. 1. S. 73–123.
– The »Parisian« *Tannhäuser*. Diss. Univ. of Princeton 1984.
– Der junge Wagner malgré lui: Die frühen *Tannhäuser*-Entwürfe
  und Wagners »übliche Nummern ...«. In: Wagnerliteratur –
  Wagnerforschung. Bericht über das Wagner-Symposium Mün-
  chen 1983. Hrsg. von Carl Dahlhaus und Egon Voss. Mainz 1985.
  S. 59–68.
Baudelaire, Charles: Richard Wagner et *Tannhäuser* à Paris. Paris
  1861. – Dt. Fass.: Richard Wagner und der *Tannhäuser* in Paris.
  In: Charles Baudelaire: Sämtliche Werke/Briefe. Hrsg. von Fried-
  helm Kemp und Claude Pichois. München 1977. Bd. 7. S. 89–133.
Brinkmann, Reinhold: Tannhäusers Lied. In: Das Drama Richard
  Wagners als musikalisches Kunstwerk. Hrsg. von Carl Dahlhaus.
  Regensburg 1970. S. 199–211.

Lindner, Edwin: Richard Wagner über *Tannhäuser*. Aussprüche des Meisters über sein Werk, aus seinen Briefen und Schriften sowie anderen Werken zusammengestellt. Leipzig 1914.

Liszt, Franz: *Tannhäuser et le Combat des Poètes-Chanteurs à la Wartbourg / Tannhäuser und der Sängerkrieg auf Wartburg*. In: F. L.: Sämtliche Schriften. Hrsg. von Detlef Altenburg. Bd. 4. Hrsg. von Rainer Kleinertz. Wiesbaden 1989. S. 93–165.

Mayer, Hans: *Tannhäuser* und die künstlichen Paradiese. In: Anmerkungen zu Richard Wagner. Frankfurt a. M. 1966. S. 42–60.

Röckl, Sebastian: Richard Wagners vollständiger poetischer Entwurf zum Ballett im *Tannhäuser* in der Pariser Bearbeitung. In: Die Musik IV (1904/05) H. 10. S. 250–253.

Steinbeck, Dietrich: Inszenierungsformen des *Tannhäuser*. Untersuchungen zur Systematik der Opernregie. Regensburg 1964.

– Zur Text-Kritik der Venus-Szenen im *Tannhäuser*. In: Die Musikforschung XIX (1966) S. 412–421.

– (Hrsg.): Richard Wagners *Tannhäuser*-Szenarium. Das Vorbild der Erstaufführungen mit der Kostümbeschreibung und den Dekorationsplänen. Berlin 1968. (Schriften der Gesellschaft für Theatergeschichte. Bd. 64.)

Strohm, Reinhard: Dramatic Time and Operatic Form in Wagner's *Tannhäuser*. In: Proceedings of the Royal Music Association 104 (1977/78) S. 1–10.

– Zur Werkgeschichte des *Tannhäuser*. In: Programmhefte der Bayreuther Festspiele 1978. [*Tannhäuser*, S. 12 f., 64–76.]

– Artikel *Tannhäuser*. In: Pipers Enzyklopädie des Musiktheaters. Bd. 6. München 1997. S. 561–568.

Voss, Egon: Der unvollendete *Tannhäuser*. In: »Wagner und kein Ende«. Betrachtungen und Studien. Zürich/Mainz 1996. S. 269–277.

Wagnerliteratur – Wagnerforschung. Bericht über das Wagner-Symposium München 1983. Hrsg. von Carl Dahlhaus und Egon Voss. Sektion 5: Partitur und Inszenierung (am Beispiel des 1. Aktes *Tannhäuser*). [Darin enthalten: Kunze, Stefan: Dramatische Konzeption und Szenenbezug in Wagners *Tannhäuser*, S. 196–210; Wiesmann, Sigrid: Ist die Partitur ein Regiebuch? Einige Bemerkungen zu *Tannhäuser*, Erster Akt, S. 211–214; Bauer, Oswald Georg: Das *Tannhäuser*-Bacchanal, S. 215–221; Wapnewski, Peter: Überlegungen zu einer Inszenierung des *Tannhäuser* (insbesondere des Ersten Aufzugs), S. 223–232.]

Nachwort

Tannhäuser wurde mehrfach umgearbeitet, wie schon den wechselnden Gattungsbezeichnungen oder Untertiteln zu entnehmen ist. Geschrieben und komponiert wurde das Werk als »Große romantische Oper«, als solche wurde es 1845 uraufgeführt und 1845/46 erstmals veröffentlicht. Seine weite Verbreitung im 19. Jahrhundert erfuhr es als Exemplar dieser Gattung. Wagner selbst jedoch versah die Partitur bei deren zweiter Publikation 1860 mit dem Untertitel »Handlung«. Gleichwohl trug das Stück bei der von Wagner mitbetreuten Münchener Aufführung von 1867 die alte Gattungsbezeichnung – so selbstverständlich empfand man *Tannhäuser* als »romantische Oper«. Den ungewöhnlichen neuen Untertitel »Handlung«, erstmals verwendet für *Tristan und Isolde*, wollte Wagner als Übersetzung des griechischen Wortes »Drama« verstanden wissen. Schon 1852, in seiner autobiographischen Schrift *Eine Mitteilung an meine Freunde,* hatte er einen Bezug zur Antike hergestellt und die Nähe zur Tragödie beschworen, indem er die als Parodie auf den »Sängerkrieg auf Wartburg« geplanten *Meistersinger von Nürnberg* als das Satyrspiel zum *Tannhäuser* bezeichnete.[1] Danach versteht sich fast von selbst, daß das Werk in den *Gesammelten Schriften und Dichtungen* von 1871, der letzten von Wagner selbst betreuten Edition des Textes, ohne Gattungsbezeichnung erschien. Dahinter steckt ein Großteil Wagnerscher Ideologie. Wagner wollte nicht nur seine späteren, heute allgemein als Musikdramen bezeichneten Bühnenwerke, sondern auch seine ihnen vorangehenden Opern, vom *Fliegenden Holländer* an, als Manifestationen einer musikalischen Bühnenkunst sui generis verstanden wissen, als Werke jenseits der Oper und jeglichen Bezuges zu ihr. Deshalb auch entfernte er – als

---

1 Richard Wagner, *Sämtliche Schriften und Dichtungen,* Volks-Ausgabe, Leipzig [1911–14], Bd. 4, S. 284.

äußerlich sichtbares Zeichen – die Klammern, die herkömmlicherweise in Operntextbüchern die Ensemblesätze kennzeichnen. Es duldet jedoch keinen Zweifel, daß *Tannhäuser* bei aller spezifisch Wagnerschen Prägung vor allem eine Oper ist.

Die äußere Form ist die der Nummernoper, und entsprechend figurieren in Wagners Kompositionsentwürfen die einzelnen Teile denn auch als Nummern. Ebenso ist die formale Anlage im Einzelnen der Tradition verpflichtet, wie besonders anschaulich etwa das Duett Tannhäuser–Elisabeth im 2. Akt oder das Ende des 2. Aktes, das ein fast klassisches Finale darstellt, zeigen. Unüberhörbar ist die Unterscheidung von Rezitativ und ariosem Gesang, und dort, wo das Arioso ins Arienhafte weitergeführt ist, treten auch – um einen besonders ohrenfälligen Aspekt zu benennen – die für die Oper so charakteristischen Textwiederholungen auf, die Wagner später ebenso strikt zu vermeiden suchte. Die Textwiederholungen kennzeichnen auch die besonders traditionsgebunden erscheinenden Ensemblesätze, und daß der »Einzug der Gäste« aus dem 2. Akt zum beliebtesten und berühmtesten Stück Wagners im 19. Jahrhundert wurde, hat nichts mit dem neuen Musiktheater zu tun, das Wagner intendierte, sondern beruht einzig und allein auf der starken Verwurzelung dieses Stücks in der Operntradition. Im übrigen dürfte es nicht nur den Spezialisten ein leichtes sein, Wagners Vorbilder in der deutschen, französischen und italienischen Oper namhaft zu machen. Der Allegro-Schlußteil des schon genannten Duetts beispielsweise ist Beethovens *Fidelio* verpflichtet; die Neigung, aus den Opern-Nummern durch Verknüpfung größere Anlagen zu bilden, verdankt sich der Tendenz zum Tableau der französischen Großen Oper, und die Kantabilität ist insgesamt italienisch orientiert.

Das Sujet und seine Präsentation stehen vollends in der Tradition der »romantischen Oper«. Die Handlung geht im Mittelalter vor sich, der romantischen Zeit nach klassischer

Ästhetik. Bestimmend und prägend sind Sage, Legende und Märchen, die Geschichte bildet nur einen äußeren Rahmen. Im Zentrum steht ein gleichsam klassisches »romantisches« Thema: das Gegeneinander von Geister- und Menschenwelt, Heidentum und Christentum. Daß *Tannhäuser* darüber hinaus landläufigen Vorstellungen von Romantik entspricht – und dies auch schon im 19. Jahrhundert tat –, braucht kaum gesagt zu werden. Dennoch war Wagner offenkundig daran gelegen, den gattungsgeschichtlichen Hintergrund des Stücks auszuklammern, und zwar vermutlich deshalb, weil ihm ein Verständnis als »romantisch« nicht übergreifend-allgemein genug war. Auch *Tannhäuser* sollte als künstlerische Manifestation des Mythos erscheinen und erfahren werden, und dabei mußte eine Festlegung wie etwa die auf ein »romantisches« Mittelalter hinderlich sein.

Tannhäuser ist ein Künstlerdrama. Der Titelheld, ein Dichter und Sänger, scheitert mit seinen Liedern an einer Gesellschaft, die – kurz gesagt – andere Lieder vorzieht. Das Scheitern besteht jedoch nicht darin, daß er seinen Konkurrenten und Rivalen künstlerisch-ästhetisch unterliegt, sondern ist vielmehr die Konsequenz dessen, daß er den allgemeinen Konsens aufkündigt. In dem Sängerwettstreit des 2. Aktes, dessen Thema die Liebe ist, besingt er ebenso bekenntnishaft-begeistert wie ungeschminkt-unverhohlen die körperlich-sinnliche Liebe, eben jene Form der Liebe, die in der Gesellschaft, in der er sich befindet, tabu ist. Solcher Tabubruch ist – darin sind sich alle einig – das schwerste Verbrechen, daher unverzeihlich, weshalb denn auch alle gleichermaßen die augenblickliche Exekution des Tabubrechers zu vollziehen bereit sind. Wie tiefgreifend und grundsätzlich der Tabubruch ist, zeigt die Tatsache, daß auch die höchste Instanz in Rom, der Papst, nur mit Verdammung zu reagieren weiß, was die Haltung der Gesellschaft nachdrücklich bestätigt, Tannhäuser aber zum Outlaw macht. Die Isolierung, die daraus erwächst, ist zwangsläufig tödlich; niemand ist dergleichen gewachsen. Dabei ist Tannhäuser der Gesellschaft, ihren Sitten und Gebräuchen aufs Tiefste verhaftet. Im Innersten nämlich teilt er ihre Ansichten und hält, was er getan hat, gleich ihr für Sünde. Das zeigt schon die Szene mit Venus und erst recht die folgende, in der ihn seine Schuldgefühle heftig bewegen (V. 224 ff.). Auf Elisabeths Fürsprache für ihn reagiert er ganz im Sinne der Gesellschaft; das nämliche gilt für seine Pilgerfahrt nach Rom. Daß Tannhäuser scheitert, hat also auch damit zu tun, daß er selbst sich verurteilt. Offensichtlich ist er nicht in der Lage, seine Tat und die Wünsche, die zu ihr führten, als das zu verteidigen, was sie sind: natürliche menschliche Bedürfnisse. Nicht einmal vor sich selbst vermag er sie in diesem Sinne zu rechtfertigen. So extrem und radikal sich Tannhäuser in seinen stets augenblicksgeborenen und vom Impuls getragenen Gefühlsäußerungen und -ausbrüchen verhält, so unfähig erscheint er, der Gesellschaft gegenüber einen radikalen Standpunkt zu vertreten und zu behaupten. Darin liegt seine Tragik.

Tannhäuser hat die Gesellschaft gegen sich, obwohl es nach der 4. Szene des 1. Aktes so aussieht, als habe gerade sie ein Interesse an ihm. Nicht Tannhäuser kehrt in die Gesellschaft zurück, die er – wohl, weil sie ihm zu rigide ist – verlassen hat, sondern ihre Exponenten, der Landgraf und die Sänger, überreden ihn zur Rückkehr. Dabei spielt Wolfram die führende Rolle. Er erweist sich als Freund Tannhäusers. Obwohl er Elisabeth liebt und sehr wohl sieht, daß Elisabeths Neigung Tannhäuser gilt, spielt er nicht die Rolle des gewöhnlichen Opernrivalen, der zu Kampf und Intrige greift, sondern stellt seine eigenen Wünsche hintan. Ausgerechnet er, der ein unmittelbares Interesse daran haben müßte, daß Tannhäuser nicht zurückkehrt, damit seine eigenen Aussichten bei Elisabeth steigen, spricht den Namen Elisabeths aus, der Tannhäuser zum Bleiben veranlaßt. Damit besiegelt er die Aussichtslosigkeit seiner Liebe, wie er selbst dann im 2. Akt feststellt (V. 382 f.). So opferbereit aber Wolframs Freundschaft ist, sie reicht nicht aus, Tannhäuser am Ende des 2. Aktes gegen die Gesellschaft und ihr Todesurteil zu verteidigen. Daß Wolfram in den allgemeinen Chor einstimmt, und zwar ohne Zögern, zeigt nachdrücklich an, wie sehr auch er von der Moral dieser Gesellschaft beherrscht ist. Sie läßt offenkundig keine andere Wahl. Später dann kehren Wolframs freundschaftliche Gefühle für Tannhäuser wieder, bezeichnenderweise aber im intimen, nicht öffentlichen Rahmen des Gesprächs unter vier Augen. Wolfram stößt den unentsühnten Tannhäuser nicht von sich, sondern hört ihn an. Wichtiger als dies erscheint jedoch seine Funktion als Mittler zwischen Tannhäuser und Elisabeth. Sie betrifft im 1. und 2. Akt das äußere Zusammentreffen der beiden, im 3. Akt dagegen die Verbindung gleichsam ihrer Seelen. Wolfram bewahrt Tannhäusers Seele nicht nur vor Venus, sondern er macht sie vor allem Elisabeths Opfertat zugänglich, indem er jene in Tannhäusers Bewußtsein rückt. Wie im 1. Akt ist auch im 3. Elisabeths Name der Auslöser (V. 259/870), so als stecke in diesem Namen ein Zauber, dem Tannhäuser nicht zu widerstehen vermag.

Tannhäusers Problem ist, daß er zwischen zwei Frauen steht, die ihn beide gleichermaßen faszinieren, so daß es ihm nicht möglich ist, sich für die eine oder die andere zu entscheiden. Daß er sich nicht entscheiden kann, ist jedoch nicht so sehr in persönlicher Schwäche begründet, als vielmehr darin, daß die zwei Frauen, Venus und Elisabeth, nicht nur konträre Charaktere sind, unterschiedliche Personen, sondern symbolhaft zwei Formen der Liebe verkörpern. Venus ist die Inkarnation von Erotik und Sexualität, Elisabeth das Sinnbild der opferbereiten christlich geprägten Nächstenliebe. Mögen sich Venus und Elisabeth als Personen ausschließen und Tannhäuser vor eine Entscheidung stellen, eine Verbindung der beiden Formen der Liebe muß nicht ausgeschlossen sein. Das jedenfalls ist Tannhäusers allerdings utopische Hoffnung. Anfangs scheint es auch, als

tröge diese Hoffnung nicht; denn Elisabeth kommt ihm un-
mißverständlich entgegen, wie ihre Äußerungen in der 2.
wie der 4. Szene des 2. Aktes unter Beweis stellen (V. 346–
353, Bühnenanweisung nach V. 475). Doch Tannhäusers of-
fenes und hemmungsloses Bekenntnis zu Venus muß sie be-
leidigen, und die Todesdrohung der Gesellschaft gegen
Tannhäuser zwingt sie geradezu in die Rolle der opferbereiten und entsagenden Liebe. So wird unter dem Druck der
Verhältnisse aus einer liebenden jungen Frau, die ein ganz
reales Wesen aus Fleisch und Blut ist, die engelhafte Legen-
dengestalt der heiligen Elisabeth. Zwar erreicht ihr Opfer
des eigenen Lebens und des irdischen Glücks sein Ziel –
Tannhäuser findet die ihm von Papst und Gesellschaft ver-
weigerte Gnade –, seine Tat aber bleibt das Verbrechen, als
das die Gesellschaft es wertete, und der Gnadenakt demon-
striert nur die Allmacht Gottes. Die Verhältnisse ändern
sich nicht.

Elisabeths Widerpart, Venus, ist selbstverständlich zunächst diejenige, die der Name benennt: die antik-heidni-
sche Göttin der Liebe. Dies führt die 1. Szene mit ihren my-
thologischen Anspielungen und Zitaten, vor allem in der
späteren, hier im Haupttext wiedergegebenen Fassung, un-
mißverständlich vor. Doch Venus ist, wie die 2. Szene zeigt,
auch, wenn nicht in erster Linie die liebende Frau, die es
nicht erträgt und nicht zulassen will, daß ihr Geliebter sie
verläßt. In dieser Szene ist Venus nicht die Göttin der Liebe,
der alles zu Füßen liegt und deren Verführungskunst niemand widerstehen kann. Im Gegenteil: So sehr Tannhäuser
sie preist – er widersteht ihr, und sie ist es, die um Liebe bittet. Die Situation weist, vor allem in der späteren Fassung,
voraus auf den 2. Akt des _Parsifal_, die Szene zwischen Par-
sifal und Kundry. Die Ähnlichkeit ist freilich äußerlich, obwohl Wagner in der Komposition den Tonfall des _Parsifal_
vorwegnimmt und so auch unter der Oberfläche eine Beziehung herstellt. Kundry – auch sie eine Göttin der Liebe, zumindest in der Unwiderstehlichkeit ihrer Verführungskunst

– findet in der Verweigerung der Liebe, im Widerstand dessen nämlich, dem ihre Verführung gilt, Erlösung. Venus dagegen glaubt, sie in der Liebe selbst gefunden zu haben; wie anders wäre zu verstehen, daß sie von der »letzten Tröstung« spricht, die sie in Tannhäusers Armen gefunden habe (V. 166 f.)? Wer gäbe leichten Herzens preis, was er als höchstes Glück empfindet? Venus jedenfalls scheint in ihrer Liebe so sehr an Tannhäuser gebunden, daß sie sich sogar so weit erniedrigt, sich als letzte Zuflucht anzubieten für den Fall, daß andernorts kein Glück zu finden wäre. Eine solche Haltung entspricht weder der Souveränität einer Göttin noch der Gleichgültigkeit einer Person, deren Prinzip die Promiskuität ist, weshalb die Auffassung, der Venusberg sei nichts anderes als ein Bordell und Venus dessen Königin, eine Fehldeutung darstellt.

In der Beziehung von Venus zu Tannhäuser schwingt selbstverständlich auch die romantische Vorstellung von der Sehnsucht der Geister nach den Menschen mit, wie sie in zahlreichen romantischen Werken, etwa E.T.A. Hoffmanns Oper *Undine,* gestaltet worden ist. Andererseits hält Venus ein Plädoyer für die heidnische Welt, die sie durch Freude und Wärme charakterisiert sieht und gegen jene der »kalten Menschen« mit »deren blödem, trübem Wahn« stellt (V. 120 f.). Es ist ein Plädoyer für Ideen und Vorstellungen, wie sie auch das Junge Deutschland vertrat, dem sich Wagner seit seiner Bekanntschaft mit Heinrich Laube 1832 verbunden, zumindest nahe fühlte. Zu diesen Vorstellungen gehörte vornehmlich die Emanzipation der Liebe von den Reglementierungen durch die Gesellschaft, die Emanzipation der Lust wie jene der freien Liebe. Wagner allerdings, so sehr er Venus und Tannhäuser für die neuen Ideen eintreten läßt, zeigt, als wäre er der Chronist des Jungen Deutschland, vor allem das Scheitern der Befreiungsbestrebungen. Sein Realismus – basierend entweder auf seiner Einsicht in die Verhältnisse, wie sie sind, oder auf jenem Pessimismus, der ihn so aufnahmefähig machte für die Phi-

losophie Arthur Schopenhauers – gestattete das Gelingen
nicht. Tannhäuser selbst – das wurde schon gesagt – gelingt
die Emanzipation, für die er eintritt, nicht.

Die Auseinandersetzung, um die es geht, läßt sich als eine
zwischen Alt und Neu verstehen. Es lag folglich nahe, zur
musikalischen Kennzeichnung des Alten bekannte Tonfälle
zu verwenden, aufs Herkömmliche zurückzugreifen. Daß
Tannhäuser auf vielfältige Weise der Tradition verhaftet ist,
ließe sich also auch als im Sujet begründet deuten, als be-
wußter Griff zu den Darstellungsmitteln der Tradition, zu-
mal gerade das Singen und die Kunst des Singens zentrales
Thema der Oper sind. Der Rückgriff auf die Tradition betrifft jedoch nicht nur die Sänger und die Gesellschaft am
Hofe des Landgrafen von Thüringen, sondern auch den Be-
reich von Religion und Kirche, der in der Auseinandersetzung Tannhäusers mit den anderen Sängern und mit der
Gesellschaft insgesamt am Ende die entscheidende Rolle
spielt. Hier griff Wagner nicht nur auf bloße Tonfälle zurück wie die des Chorals oder der Gebetshaltung, sondern
er bediente sich, um gleichsam alle Mißverständnisse auszu-
räumen, vorgegebener Musik. Gemeint ist das sogenannte
Dresdener Amen, das in Tannhäusers Erzählung von seiner
Romfahrt (»Inbrunst im Herzen …«, V. 768 ff.) als musikalisches Symbol der römischen Kirche und ihrer höchsten
Autorität, des Papstes, auftritt. Daß Musik aus der zur Zeit
der Entstehung des *Tannhäuser* vermutlich noch aktuellen
liturgischen oder kirchenmusikalischen Praxis ausgerechnet
der Darstellung der Unerbittlichkeit von Kirche und Papst
dient, erscheint als unüberhörbares Zeichen der Kritik und
zeigt an, wem Wagners Sympathien gehören. Dem korre-
spondiert die Formulierung, mit der das vermutlich aus
Zensurgründen nicht gestattete Wort »Papst« umschrieben
ist. Es heißt in Tannhäusers Erzählung: »Da sah ich ihn,
durch den sich Gott verkündigt« (V. 796). Derart zum allei-
nigen Identitätsmerkmal gemacht, erscheint die Unfehlbar-
keit nur mehr als Anmaßung.

Die Musik, die für Religion, Kirche, Frömmigkeit steht, entspricht dem Herkommen und weckt mit ihrer Traditionsverbundenheit und ihren bekannten Tonfällen die Assoziation des Vertrauten, von altersher tief in der Seele Verwurzelten – jedenfalls für den in christlich-abendländischer Sphäre Aufgewachsenen. Ähnliches gilt für die Musik der Sänger außer Tannhäuser. Ihr Merkmal ist, daß sie stets und überall die Form wahrt und nie übers Maß hinausdringt, keine Grenzen sprengt – man könnte sie geradezu züchtig nennen. Sie gibt sich würdevoll-feierlich, betont ruhig und überlegen-gesetzt und verbindet dies mit einem gemütvollen Ton, der zum Salbungsvollen tendiert. Dazu bildet die Musik Tannhäusers und vor allem diejenige des Venusberges einen markanten Kontrast, und dieser basiert auf der Avanciertheit dieser Musik. Die neuen Töne dienen gleichsam provokativ der Charakterisierung und Darstellung von Erotik und Sinnlichkeit, sie sind Ausdruck der verzehrenden, unerfüllten und unerfüllbaren Sehnsucht danach (was in ganz besonderem Maße für das in Paris komponierte Bacchanal gilt). Die Merkmale dieser Musik sind darum Unruhe und Rastlosigkeit, aber auch Ekstase und Raffinement. Wie so oft ist die Hölle, als die Papst und Gesellschaft den Venusberg betrachten, interessanter als der Himmel.

Seinen Stoff fand Wagner nach seiner eigenen, allerdings späteren Darstellung in einem »Volksbuch vom ›Tannhäuser‹« bzw. »vom ›Venusberg‹«[2]. Ein solches »Volksbuch« ist nicht überliefert und hat wohl auch nicht existiert. Wahrscheinlich – dies legt die Art seiner Darstellung nahe – bezog sich Wagner auf Ludwig Bechsteins *Sagen von Eisenach und der Wartburg, dem Hörselberg und Reinhardsbrunn* aus der Sammlung *Der Sagenschatz und die Sagenkreise des Thüringerlandes*. Daß Wagner seine Quelle nicht namhaft

---

2 *Eine Mitteilung an meine Freunde*, in: Wagner, *Sämtliche Schriften und Dichtungen* (s. Anm. 1), Bd. 4, S. 269. – Richard Wagner, *Mein Leben*, hrsg. von Martin Gregor-Dellin, München 1976, S. 223.

machte und von einem »Volksbuch« sprach, als das Bechsteins Werk nicht gelten kann, zeigt an, wie sehr ihm daran
gelegen war, den Eindruck zu erwecken, sein Werk gehe auf
eine ursprüngliche Gestalt des ihm zugrunde liegenden
Stoffes zurück und sei damit dessen mythischem Urgrund
näher als alle anderen neuzeitlichen Wiedergaben. Offensichtlich sollte kaschiert werden, daß diese vermeintlich ech-
tere Gestalt in Wahrheit allenfalls eine Rekonstruktion war.
Zu dieser Strategie gehörte auch, einige andere Quellen genau zu benennen, sie zugleich aber für untauglich für das eigene Vorhaben zu erklären. Diese anderen Quellen[3] waren:
Der getreue Eckart und der Tannenhäuser von Ludwig
Tieck, *Der Kampf der Sänger* aus *Die Serapions-Brüder* von
E.T.A. Hoffmann sowie *Ueber den Krieg von Wartburg*,
eine Edition des mittelhochdeutschen Epos vom Sängerkrieg, von C.T.L. Lucas (Königsberg 1838). Darüber hinaus
dürfte Wagner das Lied *Der Tannhäuser* aus Achim von
Arnims und Clemens Brentanos *Des Knaben Wunderhorn*
gekannt haben, und selbstverständlich kann ihm Heinrich
Heines Gedicht *Der Tannhäuser* kaum entgangen sein
(siehe V. 46), auch wenn ihm dessen Ironie zutiefst fremd
blieb.

Neben den Themenkreis um Tannhäuser und den Sängerkrieg, also das augenfällige Hauptthema der Oper, tritt ein
zweites, das des Gegensatzes von Venus und Maria, der
Gottesmutter. Um sich vom Bann des Venusberges zu be-
freien, ruft Tannhäuser Maria an (V. 193), und am Ende des
2. Aktes ist wieder sie es, an die er sich wendet (»O du, hoch
über diesen Erdengründen, / die mir den Engel meines
Heils gesandt«, V. 608 f.). Auch Elisabeths Gebet für Tannhäuser gilt Maria (V. 707 ff.). Entsprechend dieser Bedeutung Marias für das Stück sehen die Szenenbeschreibungen
für das Tal vor der Wartburg (1. Akt, 3.–4. Szene, und
3. Akt) ein »Muttergottes-« bzw. »Marienbild« vor. Wagner

3 Wagner, *Mein Leben* (s. Anm. 2), S. 223 f.

hat diese Motivik nicht erfunden, sondern übernommen. Vermutlich fand er sie bei Eichendorff in der Novelle *Das Marmorbild,* insbesondere in dem darin eingelegten, später (1841) unter dem Titel *Götterdämmerung* separat publizierten Gedicht, das Venus und Maria einander gegenüberstellt. Auch die Sirenen und Najaden, die den Venusberg im *Tannhäuser* bevölkern, konnte Wagner in Eichendorffs Novelle finden.

Wie bei seinen anderen Textbüchern auch kompilierte Wagner seine Quellen. Hinzu kam die Integration der Figur der heiligen Elisabeth. So entstand gerade nicht das, was Wagner zu schaffen vorgab, nämlich die authentische Wiederbelebung eines alten Mythos, sondern ein durchaus neues, modernes Theaterstück.

Nach Wagners eigener Darstellung wurde der Plan zum *Tannhäuser* schon 1841 in Paris gefaßt, und bei der Heimreise nach Deutschland im Frühjahr 1842 soll die Landschaft um Eisenach und die Wartburg die Inspiration zur Szenerie des Tals im 1. und 3. Akt der Oper geliefert haben.[4] Aufzeichnungen dürfte es zu dieser Zeit jedoch noch nicht gegeben haben; jedenfalls ist nichts dergleichen überliefert. Die früheste erhaltene Quelle zum Werk ist der Prosaentwurf zum Textbuch, den Wagner während eines Sommerurlaubs am 28. Juni 1842 auf dem Schreckenstein bei Aussig begann und am 6. Juli 1842 in Teplitz beendete. Der Titel lautete: *Der Venusberg.* Wagner brachte von seiner Urlaubsreise jedoch nicht nur diesen Textentwurf mit, von dem er sich sogleich eine Reinschrift (Schlußdatum: 8. Juli 1842) angefertigt hatte, sondern auch musikalische Eindrücke. Bei einer Bergwanderung überraschte ihn, wie es in *Mein Leben* heißt, eine »lustige Tanzweise, welche ein Hirte, auf eine Anhöhe gelagert, pfiff. Ich befand mich sogleich im Chor der Pilger, welche an dem Hirten vorbei

4 Ebd., S. 231.

durch das Tal ziehen, vermochte es aber in keiner Art, später die Weise des Hirten mir zurückzurufen, weshalb ich mir dafür auf die bekannte Art selbst zu helfen hatte«[5]. Bis zur Aufzeichnung des versifizierten Textbuchs vergingen Monate; denn Wagner war mit der Vorbereitung der Uraufführungen zunächst des *Rienzi* (20. Oktober 1842), dann des *Fliegenden Holländers* (2. Januar 1843) am Dresdener Hoftheater befaßt und übernahm zudem ab 2. Februar 1843 die Funktion des zweiten Königlich-Sächsischen Hofkapellmeisters in Dresden. Immerhin scheint das Werk in dieser Zeit aber musikalisch Fortschritte gemacht zu haben; jedenfalls erinnerte sich Wagner später, bei einem Besuch in Leipzig, der auf November 1842 zu datieren ist, im Hause seines Schwagers Friedrich Brockhaus »das Thema des Venusberges vorgespielt« zu haben.[6] Auch die »Hymne der Pilger« (»Beglückt darf nun dich, o Heimat, ich schauen«, V. 692) könnte bereits zu dieser Zeit entstanden sein; denn eine Skizze zu deren Melodie, bezeichnenderweise noch ohne Text, trägt den Zusatz »Venusberg«, was auf den ursprünglichen Titel der Oper verweist. Dieser wurde allerdings erst geändert, als das Textbuch, das zwischen dem 29. Januar und dem 22. März 1843 entstand, bereits fertig vorlag. Noch am 7. April 1843 ist in einem Brief an den Pariser Freund Samuel Lehrs, der Wagner die erwähnte Publikation von C. T. L. Lucas zugänglich gemacht hatte, zu lesen: »Der Text des Venusberges ist fertig«.[7] Gut vier Wochen später, am 17. Mai 1843, bezeichnete Wagner sein neues Werk erstmals als »Tannhäuser«.[8]

Mit der Komposition im engeren Sinne, nämlich der kontinuierlichen Aufzeichnung, begann Wagner im Sommer

5 Ebd., S. 238.

6 Cosima Wagner, *Die Tagebücher*, hrsg. von Martin Gregor-Dellin und Dietrich Mack, Bd. 2, München/Zürich 1977, S. 163 (Tagebucheintrag vom 18. August 1878).

7 Richard Wagner, *Sämtliche Briefe*, Bd. 2, hrsg. von Gertrud Strobel und Werner Wolf, Leipzig 1970, S. 235.

8 Ebd., S. 253.

oder Herbst 1843. Neben einem ersten umrißhaften Entwurf schrieb er, zeitlich versetzt, einen ausführlicheren, den er im Unterschied zum ersten mit Datierungen versah. Danach dauerte die Niederschrift des 1. Aktes im zweiten Entwurf von November 1843 bis zum 27. Januar 1844. Dann trat eine Pause ein; denn der 2. Akt wurde erst am 7. September 1844 begonnen. Wagner schloß ihn am 15. Oktober ab. Der 3. Akt entstand zwischen dem 19. und 29. Dezember 1844; daran schloß sich bis zum 11. Januar 1845 die Komposition der Ouvertüre an. Erst danach scheint Wagner mit der Instrumentation, also der Aufzeichnung der Partitur, begonnen zu haben. Diese wurde am 13. April 1845 fertig. Wagner schrieb die Partitur auf Spezialpapier, so daß direkt vom Autograph eine Lithographie hergestellt werden konnte. Wagners Handschrift löste sich bei dem Verfahren naturgemäß auf, so daß die *Tannhäuser*-Partitur nicht im Autograph erhalten ist, sondern nur im Faksimile. Von den 100 Abzügen, die gemacht wurden, lassen sich heute noch etwa 30 nachweisen.

Die Uraufführung fand am 19. Oktober 1845 am Dresdener Hoftheater unter Wagners Leitung statt, mit Joseph Tichatscheck als Tannhäuser, Johanna Wagner (Wagners Nichte) als Elisabeth, Anton Mitterwurzer als Wolfram und Wilhelmine Schröder-Devrient als Venus. Schon bei dieser Aufführung gab es Änderungen. Das Schalmei-Solo zu Beginn der 3. Szene des 1. Aktes war ein ausgedehntes Solo, das Wagner später auf die heute geläufige Fassung reduzierte. Bei den unmittelbar folgenden Aufführungen wurde dann bereits mit Kürzungen und Alternativen experimentiert. Sie betrafen die Finali des 1. und 2. Aktes, das Vorspiel zum 3. Akt und das Nachspiel zum Gebet Elisabeths. Die dramaturgisch eingreifendste Änderung erfolgte 1847. In der ersten, bis dahin gültigen Version war Venus im 3. Akt nicht erneut aufgetreten (vgl. Anhang 2 c); nun führte Wagner den heute geläufigen Auftritt ein, mit der für seine Theatervorstellung charakteristischen Begründung, daß zur überzeugenden Versinnlichung der dramatischen Situation Wort und Musik allein nicht genügen, vielmehr szenische Gegenwart erforderlich ist. In diesem neuen Schluß war – allerdings vornehmlich aus pragmatischen, aufführungspraktischen Gründen – der Chor der jüngeren Pilger »Heil! Heil! Der Gnade Wunder Heil!« (V. 884 ff.) ausgelassen (vgl. Anhang 2 e). Für seine Wiedereinführung nahm Wagner eine Uminstrumentation vor. Pragmatiker, der Wagner bei aller Unnachgiebigkeit in der Verfolgung der eigenen Ziele auch war, kam er den Theatern, die seine Werke spielen wollten, entgegen. So machte er in seiner Schrift *Über die Aufführung des »Tannhäuser«* von 1852 Vorschläge zu Kürzungen, in denen sich die schon erwähnten Dresdener Experimente niederschlugen und deren wichtigste die 1. Strophe von Tannhäusers Venuslied aus der 2. Szene des 1. Aktes betraf. Wagner selbst komponierte die für diesen Strich notwendige Überleitung. Als man sich in den 1850er Jahren daran stieß, daß am Ende der Oper der »offene Sarg mit der Leiche Elisabeths« auf die Bühne getragen wird, reagierte Wagner auf die Kritik mit einer Fassung, in der dieser Vorgang ausgespart ist (vgl. Anhang 2 d). Das hat jedoch zur Folge, daß die Wartburggesellschaft nicht mehr auf die Bühne kommt und folglich die Schlußzeilen »Der Gnade Heil …« nicht gesungen werden, was dem Schluß seine Schlagkraft nimmt. Wagner kehrte daher noch in den 1850er Jahren zur alten Fassung zurück.

Man pflegt beim *Tannhäuser* zwischen der Dresdener und der Pariser Fassung zu unterscheiden.[9] Das bisher Dargelegte dürfte ausreichen, um zu veranschaulichen, daß von *der* Dresdener Fassung keine Rede sein kann. Zum einen

---

9 Vgl. dazu: John Deathridge / Martin Geck / Egon Voss, *Wagner-Werk-Verzeichnis (WWV). Verzeichnis der musikalischen Werke Richard Wagners und ihrer Quellen*, Mainz 1986, S. 257–295. – Richard Wagner, *Sämtliche Werke*, Bd. 5,III: *Tannhäuser und der Sängerkrieg auf Wartburg* (1845; mit Varianten bis 1860) Anhang, hrsg. von Reinhard Strohm und Egon Voss, Mainz 1995, S. 108–194.

handelt es sich um eine ganze Reihe von Dresdener Fassungen, zum anderen nahm Wagner auch nach seiner Dresdener Zeit Änderungen am Werk vor, so daß man auch von Züricher Fassungen sprechen müßte. Die Druckausgabe der Partitur von 1860 schließlich, die die Summe aus den Veränderungen und Wandlungen der Oper seit 1845 zog, entstand, als Wagner sich bereits in Paris aufhielt, wäre also eine Pariser Fassung. Sie hat indessen mit der Version, die man meint, wenn man von Pariser Fassung spricht, nichts zu tun. Aber auch die sogenannte Pariser Fassung trägt ihren Namen zu Unrecht; denn die Fassung, die Wagner für die legendäre Aufführung des *Tannhäuser* 1861 in Paris schrieb, ist bis heute weithin unbekannt. Bekannt hingegen ist ihre Rückübertragung ins Deutsche, eine Fassung, die zunächst und nicht ganz vollständig 1867 in München, dann in einer demonstrativen Mustervorstellung 1875 in Wien unter Wagners eigener Leitung auf die Bühne und danach zum Druck kam. Was man allgemein unter Pariser Fassung versteht, ist also in Wahrheit eine Wiener Fassung. Daß man es bei dieser Fassung hinsichtlich der für Paris neu komponierten Teile mit einer Übersetzung zu tun hat, zeigen die Probleme, die Wagner mit der 2. Szene des 1. Aktes hatte. Die Differenzen zwischen Textbuch- und Partiturversion, wie die vorliegende Ausgabe sie wiedergibt, veranschaulichen dies unübersehbar.

Für die Aufführung an der Großen Oper in Paris wurde ein Ballett verlangt, das herkömmlicherweise im 2. Akt hätte stehen müssen. Wagner entsprach zwar, nach anfänglicher Ablehnung, der Forderung nach einem Ballett durch die Komposition des sogenannten Bacchanals, verstieß jedoch hinsichtlich der Plazierung, nämlich am Anfang der Oper, gegen die üblichen Gepflogenheiten, was ihm keine Sympathien eintrug und die Aufführung von vornherein unter einen ungünstigen Stern stellte. Im Zuge der Planung des Bacchanals entschloß er sich dann, auch die anschließende Venusszene neu zu gestalten. Sie wurde im Herbst

1860 geschrieben, die Komposition des Bacchanals schloß sich bis Ende Januar 1861 an. Außerdem wurde eine ganze Reihe kleinerer Änderungen vorgenommen. Zu ihnen gehörte die Streichung von Walthers Lied im Sängerkrieg. Vor allem aber übertrug Wagner in Zusammenarbeit mit mehreren Übersetzern den Text der Oper ins Französische. Wie wichtig ihm dies war, geht daraus hervor, daß er selbst sich an der Übersetzung beteiligte und vor allem selbst die Unterlegung des Textes unter die Komposition vornahm. Er machte es sich dabei nicht leicht, sondern änderte die Komposition, wo immer dies notwendig erschien. In Konsequenz dessen hat der französische *Tannhäuser* eine unüberhörbar andere Diktion als der deutsche.

Die Aufführung in Paris am 13. März 1861 wurde zum Fiasko, weshalb Wagner das Werk nach der 3. Aufführung zurückzog. Schon die erste der drei Aufführungen realisierte das Werk, das übrigens auf dem Theaterzettel schlicht als »Opéra« firmierte, nicht so, wie Wagner es sich vorgestellt hatte. Geplant war beispielsweise der unmittelbare Übergang aus dem Mittelteil der Ouvertüre ins Bacchanal, bedeutete also eine Kürzung der Ouvertüre um ein Drittel, die Wagner wegen der Beliebtheit gerade der *Tannhäuser*-Ouvertüre in Paris nicht durchzusetzen vermochte. Andererseits nahm er Änderungen vor, für die es keinen äußeren Grund gab, beispielsweise eine Kürzung im Bacchanal. Da zudem bei den folgenden zwei Aufführungen abermals gekürzt und geändert wurde, erweist sich auch der französische, also der echte Pariser *Tannhäuser,* nicht als einheitliche Fassung, sondern als Folge von Fassungen.

Auch die letzte Fassung, jene, in der Wagner seinen *Tannhäuser* hinterließ, ist nicht definitiv. Das Textbuch, wie es in den *Gesammelten Schriften und Dichtungen* 1871 präsentiert wurde, und die Partitur, die auf der Wiener Aufführung von 1875 fußt, geben das Werk nicht in genau gleicher Gestalt wieder, wie entsprechend die vorliegende Ausgabe zeigt – vgl. die Verse 460–490, die im Textbuch erhalten, in der Partitur jedoch ausgeschieden sind. Wagner war sich dessen bewußt und äußerte daher wenige Wochen vor seinem Tode, »er sei der Welt noch den Tannhäuser schuldig«.[10]

Tannhäuser begründete neben *Lohengrin* Wagners Ruhm. Diese beiden Opern waren im 19. Jahrhundert die am häufigsten aufgeführten Werke Wagners. Erst im 20. Jahrhundert wurden sie vom *Fliegenden Holländer* überholt. In Bayreuth kam das Werk 1891 zum ersten Male auf die Bühne, inszeniert von Cosima Wagner, die versuchte, die Wiener Aufführung von 1875 getreu nachzuspielen. Allgemein richtete man sich inszenatorisch an der Geschichte, insbesondere der historischen Wartburg aus, eine Fixierung, von der man sich erst in der 2. Hälfte des 20. Jahrhunderts vollständig löste. Besondere Bedeutung kommt in diesem Zusammenhang den Inszenierungen von Jürgen Fehling (Berlin 1933), Wieland Wagner (u. a. Bayreuth 1954 und 1961), Götz Friedrich (Bayreuth 1972) und Harry Kupfer (Hamburg 1990) zu.

Wagner hat seine Texte bei der Komposition regelmäßig verändert. Gesungen wird folglich nicht durchweg das, was im Textbuch steht. Die Konsequenz könnte daher heißen, einer Neuausgabe wie der vorliegenden den Wortlaut der Partitur zugrunde zu legen. So folgerichtig und einleuchtend das auf den ersten Blick erscheint, so problematisch, wenn nicht falsch ist es. Die Veränderungen am Wortlaut sind nur eine und vor allem nicht die wichtigste Form von Veränderung, die der Text durch die Komposition erfährt. Gemeint ist die präzise Festlegung des Rhythmus, die unabhängig von Partitur oder Klavierauszug nicht darstellbar ist. Das nämliche gilt für die Gestalt, die der Text in Ensemblestellen durch die Komposition erhält. Die lineare Form üblicher Textwiedergabe wird mehrstimmiger Vertonung,

10 Cosima Wagner, *Die Tagebücher* (s. Anm. 6), S. 1098 (Tagebucheintrag vom 23. Januar 1883).

sofern diese nicht homorhythmisch ist, nicht gerecht. Ebenfalls nicht darstellbar ist der unmittelbare Bezug von Regiebemerkungen zur Musik, der Wagner so besonders wichtig war. Wenn es im *Tannhäuser* in der 1. Szene des 3. Aktes heißt: »*Hier betreten die Pilger die Bühne [...]*«, so ist das nur sinnvoll in der Verbindung mit der zugehörigen Stelle in der Musik.

Eine Wiedergabe des Textes nach dem Wortlaut der Partitur geht aber nicht nur deshalb fehl, weil sie wesentliche Dimensionen des Textes in dessen Vertonung unterschlagen muß; sie ignoriert auch, daß das Textbuch eine eigene Spezies darstellt, ein selbständiges Genre, das als poetisch-literarische Gattung seine eigene Bedeutung hat. Wagner selbst verstand seine Textbücher in diesem Sinne und nannte sie daher »Dichtungen«. Er bediente sich bestimmter Vers- und Reimformen um der poetischen Qualität der Texte willen. Dem nämlichen Ziel diente die Anordnung in Kurz- und Langzeilen, auf deren Einhaltung im Druck er peinlich genau achtete. Die selbständige Veröffentlichung schließlich läßt keinen Zweifel daran, welchen Rang Wagner dem Textbuch als solchem beimaß.

Wenn also einerseits das Textbuch in solcher Weise Eigenständigkeit besitzt und nicht bloß eine Phase im Entstehungsprozeß des Ganzen der Oper darstellt, andererseits der vertonte Text unabhängig von Partitur oder Klavierauszug gar nicht darstellbar ist, dann gibt es für eine Wiedergabe des Textes ohne Musik nur *eine* Lösung: das Textbuch. Damit der Opernbesucher aber dennoch auch jenen Text vermittelt erhält, der tatsächlich gesungen wird, erscheinen die Veränderungen, die Wagner in der Vertonung vorgenommen hat, in Fußnoten (Varianten lediglich der Interpunktion, sofern sie nicht den Sinn betreffen, ausgenommen). Auf die Wiedergabe der Varianten in den Regiebemerkungen wird dagegen, von Ausnahmen abgesehen, verzichtet.

Die Wiedergabe des Textes folgt Wagners eigener letzter

Ausgabe: Richard Wagner, *Gesammelte Schriften und Dichtungen,* Bd. 2, Leipzig: Fritzsch, 1871, S. 5–52. Zur Kontrolle und für die Anhänge herangezogen wurden der Erstdruck des Textbuches Dresden 1845 und dessen revidierte Nachdrucke[11] sowie die Ausgabe in: Richard Wagner, *Drei Operndichtungen nebst einer Mittheilung an seine Freunde als Vorwort,* Leipzig 1852, S. 235–282. Die Abweichungen der Partitur entstammen der kritischen Ausgabe: Richard Wagner, *Sämtliche Werke,* Bd. 6: *Tannhäuser und der Sängerkrieg auf Wartburg,* Handlung in drei Aufzügen (1861–1875; mit Varianten), hrsg. von Peter Jost, Mainz 1999 ff.

Egon Voss

---

11 *WWV* (s. Anm. 9), S. 268 (*WWV* 70, TEXT IX–Xa, b).

Inhalt

Opern-, Operetten-, Musical- und Oratorientexte

Johann Sebastian Bach, Johannes-Passion. Matthäus-Passion. Weihnachts-Oratorium. Messe in h-Moll. 93 S. UB 18063

Ludwig van Beethoven, Fidelio. 48 S. UB 2555

Vincenzo Bellini, Norma. Ital./dt. 85 S. UB 4019

Georges Bizet, Carmen. 91 S. UB 8258 – Carmen. Franz./dt. 245 S. UB 9648

Gaëtano Donizetti, Don Pasquale. 48 S. UB 3848 – Der Liebestrank. 60 S. UB 4144 – Lucia von Lammermoor. 48 S. UB 3795

Christoph Willibald Gluck, Orpheus und Eurydike. 47 S. UB 4566

Georg Friedrich Händel, Saul, Israel in Egypt, Messiah, Belshazzar, Theodora, Jephtha. Engl./dt. UB 18507

Joseph Haydn, Die Schöpfung. Die Jahreszeiten. 77 S. UB 18509

Engelbert Humperdinck, Hänsel und Gretel. 52 S. UB 7749

Leoš Janáček, Jenufa. 61 S. UB 18296

Kiss Me Kate. 181 S. UB 9263

Ruggero Leoncavallo, Der Bajazzo. Ital./dt. 71 S. UB 8311

Albert Lortzing, Zar und Zimmermann. 80 S. UB 2549

Felix Mendelssohn Bartholdy, Paulus. Elias. 64 S. UB 18393

Wolfgang Amadeus Mozart, Così fan tutte. 86 S. UB 5599 – Così fan tutte. Ital./dt. 162 S. UB 8685 – Don Giovanni. 93 S. UB 2646 – Don Giovanni. Ital./dt. 187 S. UB 7481 – Die Entführung aus dem Serail. 78 S. UB 18400 – Die Hochzeit des Figaro. 101 S. UB 2655 – Die Hochzeit des Figaro. Ital./dt. 200 S. UB 7453 – Idomeneo. Ital./dt. 112 S. UB 9921 – Titus. Ital./dt. 104 S. UB 9926 – Die Zauberflöte. 90 S. UB 2620

Philipp Reclam jun. Stuttgart

Reclams
Opern- und Operettenführer

Von Rolf Fath und Anton Würz.
1406 Seiten. 72 Farbabbildungen.

Vierhundert Jahre Operngeschichte und anderthalb Jahrhunderte der Operette sind in diesem Band gegenwärtig. Das komplette Nachschlagewerk für die Freunde des Musiktheaters bietet alles, was der Vorbereitung eines musikalischen Theatererlebnisses dient, eine Porträtskizze der Komponisten, den Handlungsverlauf der einzelnen Werke sowie deren Entstehungsgeschichte.

Auch als Einzelbände lieferbar.

Philipp Reclam jun. Stuttgart